La boîte
à lunch santé

Colombe Plante

Nouvelle édition

Révision : Cécile Rolland, Nancy Coulombe
Graphisme : Sébastien Rougeau
Photos de l'intérieur : Daniel Lamont
Photo de la couverture : Sébastien Rougeau

ISBN 2-89565-236-8
Nouvelle édition, première impression : 2005
Dépôt légal : premier trimestre 2005
Bibliothèque Nationale du Québec
Bibliothèque Nationale du Canada

Éditions AdA Inc.
1385, boul. Lionel-Boulet
Varennes, Québec, Canada, J3X 1P7
Téléphone : 450-929-0296
Télécopieur : 450-929-0220
www.ada-inc.com
info@ada-inc.com

Diffusion

Canada : Éditions AdA Inc.
France : D.G. Diffusion
        Rue Max Planck, B. P. 734
        31683 Labege Cedex
        Téléphone : 05.61.00.09.99
Suisse : Transat - 23.42.77.40
Belgique : D.G. Diffusion - 05.61.00.09.99

Imprimé au Canada   SODEC
Participation de la SODEC.
Nous reconnaissons l'aide financière du gouvernement du Canada par l'entremise du Programme d'aide au
développement de l'industrie de l'édition (PADIÉ) pour nos activités d'édition
Gouvernement du Québec - Programme de crédit d'impôt pour l'édition de livres Gestion SODEC.

Catalogage avant publication de Bibliothèque et Archives Canada

Plante, Colombe, 1946-, Rolland, Cécile

  La boîte à lunch santé
  Éd. rev et corr.
  ISBN 2-89565-236-8

1. Cuisine végétarienne. 2. Cuisine pour boîtes à lunch. 3. Cuisine santé. I. Titre.

TX837.P535 2005   641.5'636   C2004-942132-8

Remerciements

La réalisation de ce livre est rendue possible, une fois de plus, grâce à la collaboration d'amis précieux, sincères et remplis d'un amour remarquable. Leur foi en la guérison de la nature humaine renforce la confiance qu'ils me témoignent et me permet de poursuivre ma mission sur cette Terre.

Je remercie du fond du cœur François Doucet, source d'inspiration et de motivation, sa douce épouse Nancy Coulombe, pour la simplicité et tout l'amour qu'elle met dans la supervision de mes recettes. Je remercie également Cécile Rolland, pour son inlassable dévouement et Denise Hammond, généreuse complice qui offre une disponibilité sans limite.

Je remercie aussi Adélard, mon mari, ainsi que mes enfants et mes petits-enfants qui, par le soutien et la fierté qu'ils m'apportent, me réchauffent le cœur.

Remerciements

♥ ♥ ♥

Merci chère Colombe, amie et sœur d'âme, pour nos échanges sincères, pour la confiance que tu me témoignes, pour tes encouragements et tes conseils judicieux. Merci de contribuer à mon bien-être. Ton amour inconditionnel, ton altruisme, ta détermination sont pour moi une source constante d'inspiration.

Merci Nancy et François pour votre support inlassable. Merci pour votre amour authentique et pour votre générosité. Merci de m'offrir tant d'opportunités ainsi qu'un travail que j'aime et dans lequel je me réalise pleinement. Je me sens comblée et privilégiée.

Merci Thérèse et Nicole de m'avoir offert si généreusement votre temps et votre soutien. Je vous apprécie beaucoup pour votre joie de vivre, votre humour, votre esprit vif, votre simplicité, pour tout ce que vous êtes. Ce fut un réel plaisir de travailler avec vous.

♥ ♥ ♥

Cécile

Table des matières

Avant-Propos

Suite à de nombreuses demandes concernant la création de menus pour la boîte à lunch, j'ai concocté pour vous de petits plats savoureux et nourrissants incluant en général des protéines végétales complètes.

Nombreux sont les adultes au travail et les écoliers désireux de bien s'alimenter, mais les horaires surchargés laissent bien peu de temps pour cuisiner. J'ai donc élaboré des recettes simples à réaliser, requérant peu de préparation.

L'alimentation joue un rôle primordial dans le maintien d'une bonne santé, d'un système immunitaire efficace, dans le développement de la force et l'endurance. Me nourrissant depuis des années d'aliments naturels, j'ai constaté avec joie des changements extraordinaires dans mon état physique. Je dois mon succès sur le plan de la santé en grande partie à ma persévérance. Fière des résultats, je vous convie à en connaître vous aussi tous les avantages.

Je vous souhaite autant de plaisir à préparer ces recettes faciles et bienfaisantes que j'en ai eu à les imaginer. Je vous offre *La boîte à lunch santé* avec beaucoup d'amour tout en en témoignant une infinie reconnaissance à notre généreuse mère, la Terre.

Chaque repas influence notre qualité de vie. Il faut être à l'écoute de nos besoins pour connaître ce qui nous convient vraiment parmi la multitude d'aliments que la nature nous propose. Il faut aussi savoir jouer avec les couleurs qu'elle nous offre dans son exubérante variété. Une bonne façon de reconnaître un repas équilibré, c'est d'avoir un arc-en-ciel dans notre assiette… ou notre boîte à lunch !

Bon appétit !

Colombe Plante

J'ai opté pour la santé par les végétaux en préparant des menus équilibrés qui procurent une meilleure harmonie entre la qualité et l'assimilation des nutriments. Vous pourrez constater, en les essayant, qu'ils constituent une aventure alimentaire fort différente de ce que nous connaissions autrefois.

Je propose une façon de se nourrir qui repose essentiellement sur les légumes frais, les fruits, les céréales entières (riz, millet), les pâtes entières non raffinées, le pain complet et les légumineuses, si nourrissantes et bienfaisantes pour la santé. À l'instar des noix et des graines, le tofu occupe une place de choix dans mes recettes.

L'importance de varier quotidiennement les menus

Tous les aliments naturels sont délicieux en soi. J'ai choisi une alimentation basée sur les produits de la nature, en raison de la qualité des nutriments. Pour nous construire un corps solide et résistant, il est important de consommer quotidiennement des aliments qui contiennent de la vitamine C, nécessaire à l'assimilation du fer. Celle-ci est présente dans plusieurs fruits et légumes frais et crus. Le fer, quant à lui, se retrouve, entre autres, dans les légumineuses et les légumes verts. La vitamine B12 et ses dérivés du groupe B sont aussi essentiels au maintien d'une bonne santé. Ils sont principalement contenus dans la levure alimentaire, les céréales et les germinations.

En tenant compte de ces éléments, je propose des suggestions de menus variés qui favorisent le mieux-être du corps tout en flattant le palais.

Mon élixir d'amour

Un esprit positif dans un corps en santé, voilà la clé de la réussite, du bonheur et de la santé totale. Pour y arriver, il suffit de fournir les efforts et prendre les moyens qui s'imposent.

Choisir une alimentation équilibrée, composée d'aliments complets, exempts de produits chimiques tels que les préservatifs, les additifs alimentaires, les sucres raffinés, les gras saturés et les farines blanches. Il faut opter pour la valeur nutritive des fruits, des légumes frais et des céréales entières.

Prévenir les carences en vitamines en consommant des jus de légumes et de fruits frais.

Aider les intestins et le système immunitaire en les renforçant grâce à l'absorption d'une capsule de yogourt par jour. L'ail est recommandé comme antibiotique naturel, aussi fait-il partie d'une alimentation quotidienne enrichie de suppléments vitaminiques. L'ail frais entre également dans la préparation de mes menus.

Pratiquer des exercices physiques régulièrement permet d'améliorer la forme et l'endurance physiques. Un bon programme physique est aussi important qu'une saine alimentation.

Adopter une attitude mentale positive procure dynamisme, bien-être et joie de vivre. À l'inverse, les pensées négatives ont un pouvoir destructeur. Je me plais toujours à rappeler cette petite maxime : « Nous sommes et donnons ce que nous pensons ».

Avoir le désir de se sentir en forme constitue la motivation fondamentale. Dans la mesure où nous progressons, nous percevons des changements bénéfiques qui nous encouragent à persévérer dans nos efforts à conserver cette nouvelle façon d'être. N'oublions jamais que la jeunesse est avant tout, encore et toujours, une affaire de cœur.

Les légumes et les fruits

Je suis toujours étonnée de constater combien les gens ne mangent pas assez de légumes et de fruits, voir même pas du tout, dans le cas de certaines personnes. Il est important de consommer chaque jour au moins quatre à cinq fruits pour obtenir le sucre nécessaire aux besoins énergétiques du corps. De plus, l'habitude de manger des légumes crus avant un repas favorise une bonne assimilation des aliments et procure une digestion simplifiée fournissant ainsi une large gamme de vitamines vivantes et de minéraux. On peut aussi les manger cuits en les cuisinant de façon à ce qu'ils restent croquants. La cuisson à la marguerite, avec le moins d'eau possible, est indiquée.

Les céréales

Consommées à partir de grains complets, les céréales nous donnent suffisamment de fibres pour favoriser une meilleure évacuation des toxines de l'organisme. Il existe une bonne variété de céréales : riz, millet, orge, sarrasin, maïs, seigle, blé, etc. On doit en manger tous les jours. Il y a mille et une façons de les apprêter toutes aussi succulentes les unes que les autres. Mariées à des légumes verts, elles constituent un véritable festin et une excellente combinaison alimentaire. J'adore cuisiner les céréales qui font partie des féculents car elles s'associent fort bien à un large éventail d'aliments. Rien n'empêche d'ajouter un bon dessert santé après un repas de céréales.

Les protéines

La croyance populaire veut qu'en ne mangeant pas de viande on risque de manquer de protéines.

Toutes les protéines se retrouvent en abondance dans la nature. Il s'agit de bien connaître les associations alimentaires pour obtenir une protéine complète. Celles-ci sont essentielles et jouent un rôle capital dans notre système et dans le développement de notre musculature. Un manque de protéines peut entraîner un besoin de manger davantage de sucre, surtout à la fin de l'après-midi ou après un repas mal équilibré.

On retrouve des protéines végétales dans les légumineuses, le tofu, les noix, les graines et les fèves de soja. Les produits laitiers contiennent des protéines lacto. Les légumes verts crus ou légèrement cuits accompagnent très bien ces différents aliments. Grâce aux merveilles de la nature, tout en se laissant guider par notre créativité, nous pouvons facilement composer des menus simples et appétissants. Avec le temps, cela devient un jeu d'enfant et les résultats sont appréciables.

Le fer et les minéraux dans les végétaux

Chaque jour, je consomme des aliments contenant du fer. Le persil, la luzerne, les feuilles vertes, les pois secs, les fèves de soja, les lentilles, les haricots, le brocoli, le chou-fleur, les poivrons, les fraises et le cantaloup en sont les principales sources. Il importe de varier la consommation de ces aliments. Par ailleurs, on retrouve le calcium, le zinc et l'iode dans les amandes, les graines de sésame, de tournesol, et dans les algues. Tous ces végétaux favorisent la minéralisation de l'organisme.

Les vitamines du groupe B

Les vitamines du groupe B agissent sur l'équilibre du système nerveux, favorisent une meilleure assimilation des nutriments et préviennent l'anémie (B12). Elles sont excellentes durant la période de croissance.

Les céréales entières, la levure alimentaire, les germinations et le persil en contiennent beaucoup.

Je vous souhaite d'heureuses et succulentes découvertes, et une fascinante aventure dans l'univers de la santé.

Le garde-manger de ma boîte à lunch

L'eau distillée : Je cuisine toujours avec de l'eau pure.

Les laits végétaux : Lait de soja, lait de riz, lait d'amandes.

Les huiles de première pression : Huile d'olive, de tournesol et de carthame.

Les beurres de noix : Beurre d'amandes, d'arachides.

Beurre de sésame : Tahini

Les ingrédients de base et les assaisonnements : Sauce tamari, sauce Bragg, levure alimentaire douce, cube de soja, concentré de légumes (en pâte ou en poudre), miso, vinaigre de cidre, sel de mer régulier, aux herbes ou aux légumes, poivre de Cayenne, etc.

Les herbes : Origan, basilic, thym, ciboulette, fines herbes, oignons séchés hachés et en poudre, ail séché, légumes séchés, graines de pavot et feuilles de laurier.

Pour épaissir : Agar-agar en flocons, tapioca moulu (petit tapioca moulu au moulin à café), farine de marante.

Les farines : farine de blé entier à pâtisserie, farine d'épeautre.

Les céréales : Couscous, céréales de riz brun croustillant (Rice Krispies), boulgour, riz, orge, flocons d'avoine, semoule de maïs, millet soufflé, céréales granola.

Les pâtes alimentaires : Macaroni, spirales aux légumes ou soja.

*Algues de cuisson : Kombu.

Les noix : Amandes, pacanes, noix d'acajou, de Grenoble et de coco.

Les graines (oléagineuses) : sésame, lin, citrouille, tournesol.

Les conserves (sans sucre ajouté) : tomates, sauce tomate, pâte de tomate.

Les légumineuses : Fèves soja, fèves rouges, lentilles, pois chiches.

Le tofu mou en crème et le régulier.

Les brisures de caroube et la poudre de caroube.

Les pains : Seigle, épeautre, blé entier, pain croûté, pita et azyme.

Les biscottes : Galette de riz, pain de seigle mince, pain séché.

---

* Accélère la cuisson des légumineuses, contient d'excellents minéraux.

Les croustilles : Maïs soufflé, nouilles croustillantes de sarrasin et blé, croûtons de blé entier à l'ail, bâtonnets de sésame, etc.

Les sucres : Les fruits frais et séchés, les jus congelés, sirop de riz, beurre de pomme, poudre de malt, mélasse, miel, sucre brut.

Les épices : Cannelle, muscade, clou de girofle, coriandre.

Légumes frais et fruits en abondance.

Les aliments congelés : Pois verts, maïs, concentrés congelés de jus de pomme, d'ananas et d'orange.

Tous les repas qui demandent de la cuisson se congèlent facilement pour une période de deux mois, que ce soit les plats principaux, les desserts ou les bonbons. Ils se congèlent même s'ils ne sont pas cuits.

Les jus de légumes et de fruits préparés à l'extracteur

Concombre, zucchini, persil, poivron rouge : Diurétique et régénérateur, favorise une meilleure élimination.

Carotte, pomme, céleri : Tonique pour le foie, énergétique et riche en vitamine A.

Céleri, concombre, zucchini, persil : Désintoxique et renforcit le système immunitaire.

Poivron rouge, céleri, carotte, luzerne : Favorise une meilleure circulation, très riche en vitamines et minéraux.

Épinard, céleri, persil, concombre : Riche en chlorophylle, excellent régénérateur de santé.

Pomme, raisin, poire : Tonique énergétique.

Ananas : (L'ananas doit être bien mûr) Riche en enzymes, antibiotique naturel, facilite une bonne digestion et désintoxique.

Les soupes et les sandwichs

Une soupe aux légumes et un sandwich au tofu ou au végé-pâté constituent un repas fort nourrissant. Pour en augmenter l'apport en vitamines et minéraux, on peut l'accompagner d'une bonne salade ou d'un jus préparé à l'extracteur. Les jus sont de puissants régénérateurs naturels, facilement assimilables. Lorsque pris en début de repas, ces derniers donnent de meilleurs résultats. Une bonne soupe chaude c'est si réconfortant par temps froid !

La prévention de la fatigue

La plupart des menus présentés dans ce livre associent des aliments offrant une excellente compatibilité. Je préfère varier le choix des éléments d'un repas à l'autre. Créer trop de mélanges alourdit un repas.

Manger une bonne quantité de légumes frais et crus avant chaque repas favorise la sécrétion des enzymes. Accompagnés de protéines ou de féculents, ils éliminent la fatigue souvent ressentie après un repas copieux.

S'abstenir de manger du sucre ou un dessert après un repas de protéines est un excellent moyen d'éviter les fermentations intestinales et la somnolence.

Comment se protéger des bactéries

Afin d'éviter la propagation de bactéries dans les aliments, on doit prendre certaines précautions. Les aliments doivent être emballés hermétiquement dans des sacs ou des contenants conçus à cet effet. Concernant les mets qui contiennent des protéines, tels que le tofu, le végé-pâté, l'humus, les légumineuses ou les produits laitiers, il est bon de les conserver au frais. L'utilisation des sacs réfrigérants (ice pack) est donc indiquée dans la boîte à lunch. Tout repas qui contient de la mayonnaise doit être préparé à la dernière minute, soit le matin, ou consommé dans les douze heures suivant la préparation.

L'utilisation d'un thermos

Pour utiliser efficacement un thermos, on doit le passer sous l'eau bouillante et ensuite verser immédiatement le repas bien chaud à l'intérieur avant de le fermer hermétiquement. Lorsqu'on utilise un micro-ondes pour réchauffer un repas, on doit chauffer ce dernier, le brasser et le chauffer encore.

Nettoyage de la boîte à lunch et du thermos

Il est important de nettoyer le thermos chaque jour. Il faut bien le laver à l'eau savonneuse très chaude, le rincer à fond, l'essuyer et le laisser ouvert pour permettre une bonne aération.

La boîte à lunch doit être nettoyée au moins une fois par semaine. Il faut la laver dans une eau chaude et savonneuse à laquelle on ajoute une cuillère à soupe de soda (bicarbonate de soude) pour enlever les odeurs. On laisse la boîte ouverte jusqu'à sa réutilisation. N'oublions pas que les bactéries ne sont pas perceptibles à l'œil ni au palais.

Conseils pour les voyages

En voyage ou à l'extérieur, j'apporte des aliments sains, naturels et faciles à apprêter. Ainsi, je conserve toujours le maximum d'endurance énergétique et il m'est devenu très facile de combiner voyage et bonne forme physique.

Je prends aussi des capsules de yogourt (une ou deux par jour) et des capsules d'ail afin de renforcer mon système immunitaire et de prévenir les attaques virales.

Suggestions pour la glacière

Humus (purée de pois chiches)
Végé-pâté
Beurre d'amande ou beurre d'arachide
Pain pita, biscotte
Muffins
Luzerne
Laitue
Tomate
Céleri
Carotte, etc.

Je conserve les fruits séchés, les dattes, les raisins secs ainsi que les fruits frais, les amandes et les graines de tournesol dans un sac à lunch, à la température de la pièce. Avec un tel choix d'aliments, quelques avocats et… des ustensiles, je peux me nourrir agréablement pendant plusieurs jours et prendre, à l'occasion, un repas chaud au restaurant.

À quoi servent tous ces trucs et précautions ?

- À se protéger contre de nombreuses intoxications alimentaires. Les gonflements, les gaz, les désordres physiques et les maladies sont souvent causés par des intoxications alimentaires agissant à long terme.

- À obtenir une meilleure préservation des valeurs nutritives pour en tirer un meilleur profit.

- À vivre en santé.

- À préparer des menus légers, vite faits et complets ainsi que des repas qui se congèlent.

- À économiser temps et argent.

Exemple de menus

Déjeuner : 3 à 4 fruits avec un apport de protéines telles que 6 à 8 amandes ou des graines de tournesol, ou encore du beurre d'amande ou d'arachide.

Dîner : Salades ou crudités,
Végé-pâté, pain pita, luzerne et tomate.

Collation : Facultatif

Souper : Crudités et trempette ou salade
Légumes al dente et tourtière de millet ou soupe à l'orge et pain ou sarrasin et légumes ou pâtes alimentaires et légumes ou pot-au-four et pain.
Muffin ou carré au dattes

N.B. C'est préférable de consommer les céréales à grains entiers (millet, orge, sarrasin, etc.) au souper.

Suggestions de menus au restaurant

Déjeuner : Fruits frais, rôties de blé entier sans beurre ou crêpes de sarrasin, beurre d'arachide, banane ou purée de pomme, tisane ou eau chaude.

Dîner : Salade verte
Légumes, poulet ou poisson ou soupe aux pois et pain de blé ou légumes et tofu ou pizza végétarienne
Tisane ou eau chaude.

Souper : Salade ou crudités
Riz aux légumes ou pomme de terre au four et légumes ou pâtes alimentaires
Tisane ou eau chaude.

Bonne route et bonne santé !

Dans mes menus, j'ajoute parfois une collation et souvent un dessert. Lorsqu'il est indiqué « facultatif » ou « collation », c'est à chacun de déterminer si ce supplément au repas lui est nécessaire. J'ai créé ces menus pour les écoliers, les étudiants, les travailleurs actifs physiquement, les gens plus sédentaires travaillant dans les bureaux ou effectuant de légers travaux. Chaque personne doit apprendre à se sentir bien, à manger suffisamment et à ne pas faire d'excès de table. Maintenant, allons-y avec les menus.

Menus légers et vite faits

Les dix premiers menus sont constitués de recettes faciles à préparer et surtout vite faites lorsque le temps manque.

La collation

Elle peut être prise une heure avant le repas ou selon la disponibilité de chacun. Elle n'est pas absolument nécessaire à une saine alimentation. Les repas de la boîte à lunch sont bien équilibrés même sans l'apport de la collation.

Les muffins et biscuits

Ils peuvent être préparés à l'avance et se conservent facilement deux mois au congélateur.

Les tisanes

On peut utiliser un thermos. Apporter un sachet et préparer l'infusion sur place.

L'eau

Il est toujours préférable d'apporter de l'eau embouteillée pour obtenir une qualité supérieure à celle de l'eau du robinet.

Lait de soja ou lait de riz

Il y a sur le marché d'excellents laits de soja et de riz. Outre les laits nature, différents fournisseurs offrent des laits aromatisés à la vanille, à la caroube ou au cacao. Il revient à chacun de choisir la saveur qui lui plaît et d'en découvrir les bienfaits.

Les menus

Les fruits

Un monde de saveurs et de couleurs

Menu 1

Ce repas léger et très énergétique, riche en vitamines et protéines, contient de bonnes quantités de calcium, de magnésium et de fluor. Il convient aussi bien aux enfants qu'aux personnes âgées, ce qui en fait un menu fort pratique.

Collation

Bâtonnets de carotte et de céleri, ou une pomme

Repas

Salade de fruits énergétique
110 à 170 g (4 à 6 oz) de yogourt naturel ou 10 amandes
Muffins aux ananas

Breuvage

Tisane, eau ou jus de fruits non sucré

Les à-côtés

Contenant hermétique pour la salade de fruits
Cuillère
Sacs à sandwich refermables pour la collation et les muffins
Sac réfrigérant (ice pack) (facultatif)

Salade de fruits énergétique

Un léger goût sucré et naturel

1 pomme rouge coupée en morceaux
1 grappe de raisins coupés en deux (environ 10)
1 t. de bleuets frais (ou 2 prunes coupées en morceaux)
65 ml (1/4 t.) de raisins secs
45 ml (3 c. à s.) de graines de tournesol
30 ml (2 c. à s.) de jus de citron frais
65 ml (1/4 t.) de jus de pomme

1 Portion
Préparation : 5 minutes

☞ Mélanger ensemble tous les ingrédients et déposer dans un contenant hermétique.

Muffins aux ananas (sans sucre)

Frais et légers

540 ml (environ 2 t.) d'ananas broyé en boîte non sucré
85 ml (1/3 t.) d'huile de tournesol
85 ml (1/3 t.) de concentré congelé de jus d'ananas
125 ml (1/2 t.) de raisins secs dorés
1 banane mûre écrasée à la fourchette
5 ml (1 c. à thé) de vanille
65 ml (1/4 t.) de noix de Grenoble concassées
675 ml (2 2/3 t.) de farine de blé à pâtisserie
10 ml (2 c. à thé) de levure (poudre à pâte)
2 ml (1/2 c. à thé) de bicarbonate de soude (soda à pâte)

12 muffins
Préparation : 10 minutes
Cuisson : 25 minutes

- Mélanger l'ananas, l'huile, le concentré de jus d'ananas, les raisins secs, la banane et la vanille.

- Mélanger le reste des ingrédients ensemble, puis ajouter au premier mélange en brassant légèrement à la fourchette.

- Verser dans un moule à muffins et cuire au four à 180 °C (350 °F) de 25 à 30 minutes.

- Pour obtenir un goût plus sucré, ajouter 85 ml (1/3 t.) de sucre brut.

Conserver au congélateur. Meilleurs lorsque décongelés au four à 125 °C (250 °F) quelques minutes.

Les amandes

Riches en vitamines et minéraux

Menu 2

Ce menu contient une quantité appréciable de calcium et de magnésium. Par son pouvoir alcalin, il neutralise l'acidité.
Il est nourrissant, savoureux et se prépare en un tournemain.

Collation

1 grappe de raisins

Repas

2 pommes rouges
2 tranches de pain de blé entier
30 ml (2 c. à s.) de beurre d'amande. Tartiner le pain avec le beurre d'amande.
1 banane

Breuvage

Tisane, eau, lait de riz ou jus de fruits non sucré

Les à-côtés

Pellicule d'emballage transparente ou sac à sandwich refermable.

Le tofu

Un véritable trésor végétale

Menu 3

Le tofu, fait à partir de la fève de soja, sans cholestérol et riche en minéraux, est un véritable substitut de la viande. Bien apprêté, on peut l'utiliser aussi bien dans les desserts que dans les plats principaux.

La fève de soja, pour sa part, constitue un aliment complet et unique.

Collation

Banane farcie

Repas

Carotte, céleri, radis
Sandwich au « tartinage » de tofu ou au fromage (sans beurre ni margarine)

VOIR PHOTO PAGE 97

Breuvage

Tisane, eau ou lait de soja

Les à-côtés

Contenant hermétique pour la banane
Sacs à sandwich refermables pour les légumes et le sandwich

Banane farcie

Un régal... et ma préférée

1 banane pelée et coupée en deux dans le sens de la longueur
15 ml (1 c. à s.) de beurre d'amande, d'arachide, ou de tahini
2 dattes ou figues hachées
30 ml (2 c. à s.) de concentré de jus d'ananas ou de jus de pomme, congelé et non sucré
65 ml (1/4 t.) de noix de coco râpée non sucrée

1 Portion
Préparation : 5 minutes

- Tartiner le beurre d'amande (d'arachide ou de tahini) sur une moitié de banane. Ajouter les dattes ou figues hachées.

- Réunir les moitiés de banane. À l'aide d'un pinceau, badigeonner la banane de concentré de jus d'ananas ou de pomme congelé.

- Rouler dans la noix de coco et couper en morceaux.

« Tartinage » au tofu

Remplace avantageusement les sandwichs aux œufs

225 g (8 oz) de tofu (mou)
2 ml (1/2 c. à thé) de curcuma
1 échalote
1/2 branche de céleri
1/2 poivron vert
30 ml (2 c. à s.) de mayonnaise naturelle
2 ml (1/2 c. à thé) de sel de mer
1 pincée de poivre de Cayenne

2 Portions
Préparation : 5 minutes

☞ Écraser le tofu à la fourchette. Hacher finement les légumes et mélanger avec le tofu. Ajouter les autres ingrédients.

Ce « tartinage » est délicieux en sandwich
ou dans les pains pita.

L'avocat

Un aliment formidable pour la santé

Menu 4

Ce gras végétal non saturé remplace avantageusement le beurre, la margarine et les huiles saturées. C'est un lipide riche en protéines qui contient beaucoup de vitamines et de minéraux. Pris en petite quantité, il agit comme un véritable protecteur des artères et, à ce titre, convient parfaitement à celui qui veut abaisser un taux de cholestérol trop élevé.

Collation

1 pomme, 1 prune

Repas

Poivron rouge, pois mange-tout, carotte
Salade d'avocat
Pain pita de blé entier
Biscuits aux amandes (facultatif)

Breuvage

Tisane, eau ou jus de fruits non sucré

Les à-côtés

Sac à sandwich refermable pour les légumes
Contenant hermétique pour la salade d'avocat
Pellicule d'emballage transparente pour le pain pita et les biscuits
Fourchette

Salade d'avocat

Appétissante et savoureuse

1 avocat mûr coupé en morceaux
1 tomate coupée en cubes
1 branche de céleri hachée
1 échalote hachée ou ciboulette ciselée
15 ml (1 c. à s.) d'huile de carthame (facultatif)
le jus d'un demi-citron
sel de mer et poivre de Cayenne au goût

2 Portions
Préparation : 5 minutes

➥ Mélanger légèrement tous les ingrédients. Déposer dans un plat hermétique et couvrir d'une pellicule d'emballage transparente directement sur la préparation pour éviter qu'elle se décolore.

➥ Refermer le couvercle hermétiquement.

➥ Ajouter du pain pita et de la luzerne à ce repas pour créer un véritable festin.

Variante : Tartiner une tranche de pain avec de l'avocat bien mûr puis ajouter de la laitue, des tranches de tomate, de la luzerne et de la carotte râpée.

Biscuits aux amandes

Le bon goût des amandes

250 ml (1 t.) de flocons d'avoine
250 ml (1 t.) de farine de blé à pâtisserie
5 ml (1 c. à thé) de bicarbonate de soude (soda à pâte)
125 ml (1/2 t.) de sucre brut ou de beurre de pomme
85 ml (1/3 t.) de raisins secs
85 ml (1/3 t.) d'huile de tournesol
1 banane mûre écrasée à la fourchette
65 ml (1/4 t.) d'amandes effilées
5 ml (1 c. à thé) d'essence de vanille

16 biscuits
Préparation : 5 minutes
Cuisson : 20 minutes

- Déposer les ingrédients secs dans un bol.

- Ajouter les autres ingrédients et mélanger légèrement à la fourchette.

- Verser par cuillerée sur une tôle à biscuits huilée et aplatir pour faire un biscuit plus mince.

- Cuire au four à 180 °C (350 °F) durant 20 minutes.

Le beurre d'arachide

Une excellente combinaison avec le pain

Menu 5

L'arachide est une légumineuse riche en protéines.

Le beurre d'arachide est excellent lorsqu'il est sans sel, sans sucre et sans huile hydrogénée.

Collation

1 pêche, 1 kiwi

Repas

1 pomme, 1 grappe de raisins
2 tranches de pain de blé entier
30 ml (2 c. à s.) de beurre d'arachide (tartiner le pain avec le beurre d'arachide)
Compote de pommes et poires déjà préparée

Breuvage

Tisane, eau ou lait de soja

Les à-côtés

Sacs à sandwich refermables pour les fruits
Sac à sandwich refermable pour le sandwich
Contenant hermétique pour la compote de pommes et poires
Cuillère

Compote de pommes et poires

Un goût délicat

3 pommes
3 poires d'Anjou ou Bartlett
125 ml (1/2 t.) de jus de pomme

2 Portions
Préparation : 5 minutes
Cuisson : 10 minutes

- Peler et couper les pommes et les poires. Ajouter le jus.

- Cuire à feu lent dans une casserole couverte jusqu'à l'obtention d'une purée. Bien brasser.

Variante : on peut n'utiliser que des pommes ou remplacer les poires par des pêches ou des abricots séchés (6 ou 7).

Se conserve trois jours au réfrigérateur et un mois au congélateur.

Graines de tournesol et de citrouille

Un fortifiant pour l'organisme

Menu 6

Les graines de citrouille sont riches en protéines. Elles sont recommandées pour un bon fonctionnement de la prostate, des reins et de la vessie. Elles sont donc idéales pour les personnes affectées par un dysfonctionnement de ces organes. Les graines de citrouille servent aussi de vermifuge pour les enfants.

Les graines de tournesol, quant à elles, sont excellentes pour la croissance. Leur teneur en calcium et en magnésium, en fluor, en vitamines du complexe B et en vitamine D en font un aliment de bonne qualité.

Collation

Tablette de riz croustillant (Rice Krispies) ou fruits frais

Repas

Salade verte
Graines de tournesol et de citrouille
Mayonnaise maison
Pain de blé entier ou biscotte

Breuvage

Tisane, eau ou lait de soja

Les à-côtés

Pellicule d'emballage transparente pour la collation et le pain ou la biscotte
Contenant hermétique pour la salade verte
Fourchette

Tablettes de riz croustillant (Rice Krispies)

Une collation sucrée et nutritive qui plaît à tous

175 ml (2/3 t.) de beurre d'arachide crémeux naturel
125 ml (1/2 t.) de miel ou de sirop de riz
175 ml (2/3 t.) de poudre de lait
85 ml (1/3 t.) d'amandes effilées
750 ml (3 t.) de riz croustillant naturel (Rice Krispies)
5 ml (1 c. à thé) de vanille
65 ml (1/4 t.) de capuchons de caroube non sucrée

12 tablettes
Préparation : 5 minutes

- ✎ Mélanger à la main tous les ingrédients. Huiler un moule de 20 cm x 20 cm (8 po x 8 po), y étendre la préparation et la presser à l'aide d'une cuillère mouillée (passée sous l'eau froide).

- ✎ Réfrigérer 2 heures puis couper en tablettes.

Le beurre d'arachide peut être remplacé par du beurre d'amande.

Préparation très riche en protéines qui accompagne
bien un repas léger.

Salade verte

Croquante à souhait

1 laitue Boston déchiquetée ou mesclun (salade printanière)
1 poivron jaune ou rouge
1 branche de céleri
250 ml (1 t.) de pois mange-tout
1 courgette
1 échalote
30 ml (2 c. à s.) de levure alimentaire
65 ml (1/4 t.) de graines de tournesol
65 ml (1/4 t.) de graines de citrouille
persil au goût

1 Portion
Préparation : 10 minutes

- ✎ Émincer les légumes. Bien mélanger tous les ingrédients avec la laitue.

- ✎ Servir avec de la mayonnaise maison ou encore avec un mélange d'huile d'olive, de jus de citron et de basilic frais.

La levure alimentaire, d'un goût très doux, riche en vitamine B et en protéines, constitue un très bon assaisonnement.

Le choix de laitue est abondant et varié. La laitue se digère rapidement et permet une meilleure assimilation de ses éléments. Elle aide l'organisme à se désintoxiquer grâce à ses fibres et à sa teneur en eau et en sels minéraux. Elle favorise également le bon fonctionnement des intestins tout en contribuant à améliorer la santé car les légumes sont de puissants régénérateurs.

Mayonnaise maison

Délicieuse et sans œuf, toujours une réussite

250 ml (1 t.) d'eau
1 ml (1/4 c. à thé) de miel
le jus de deux citrons pressés
30 ml (2 c. à s.) de vinaigre de cidre
1 ml (1/4 c. à thé) de sel de mer
15 ml (1 c. à s.) de moutarde sèche
250 ml (1 t.) de poudre de lait
5 ml (1 c. à thé) d'oignons séchés
250 ml (1 t.) d'huile de tournesol ou de carthame
poivre de Cayenne au goût

850 ml (28 à 30 oz)
Préparation : 10 minutes

- Déposer tous les ingrédients dans le mélangeur, sauf l'huile, et battre à grande vitesse pendant 2 minutes.

- Diminuer la vitesse et ajouter l'huile en filet. Bien mélanger et verser dans un pot en verre.

Cette mayonnaise très douce et de bonne qualité se conserve un mois au réfrigérateur.

« Tartinage » suprême

Un petit goût d'exotisme...

Menu 7

La prune salée, produit du Japon, est un fruit ayant macéré dans du sel pendant un an. Puissant régénérateur alcalin, ce fruit agit contre l'acidité et renforce le système immunitaire. Il est aussi excellent pour lutter contre la fatigue.

Le tahini (beurre de sésame), fait à partir de graines de sésame de culture biologique, est très doux et de couleur pâle. Riche en protéines, il contient aussi du calcium, du magnésium, du potassium et du phosphore.

Collation

Poivron jaune ou rouge, pois mange-tout

Repas

Bâtonnets de carotte et de courgette (zucchini)
Tartinage suprême au tahini
Pain pita de blé entier ou biscotte
Laitue et luzerne

Breuvage

Tisane, eau ou lait d'amandes

Les à-côtés

Sacs à sandwich pour les légumes de la collation et du repas
Contenant hermétique pour le sandwich

« Tartinage » suprême au Tahini

Laissez-vous séduire par un repas de haute qualité

65 ml (1/4 t.) de tahini
15 ml (1 c. à s.) de prunes salées (en purée)
65 ml (1/4 t.) de jus de carotte (à l'extracteur)
15 ml (1 c. à s.) d'oignons séchés
poivre de Cayenne au goût

1 Portion
Préparation : 5 minutes

↳ Bien mélanger le tout et réfrigérer. Servir sur des biscottes ou dans un pain pita avec de la laitue et de la luzerne.

Repas complet fort apprécié.
Il se conserve deux jours au réfrigérateur.

Lait d'amandes

Un lait parfumé qui se distingue

12 amandes crues
250 ml (1 t.) d'eau

Pour aromatiser, ajouter :

1 banane
2 dattes
noix de coco non sucré
une goutte de vanille

1 Portion
Préparation : 7 minutes

↶ Faire tremper les amandes dans de l'eau bouillante 5 minutes pour les débarrasser leur pellicule brunâtre.

↶ Déposer les amandes dans une tasse d'eau et fouetter au mélangeur.

↶ Tamiser avant de boire.

Se conserve 24 heures au réfrigérateur.

Le lait d'amandes est un excellent substitut du lait. Sa richesse en fait un aliment de toute première qualité et l'assimilation de ses éléments nutritifs est facile. Il contient du calcium et du magnésium.

La carotte

Une abondance de vitamine A

Menu 8

La carotte contient du bêta-carotène qui augmente la résistance immunitaire, prévenant ainsi l'apparition de cancers.

Consommée crue, en salade ou en jus à l'extracteur, elle conserve ses enzymes et ses vitamines.

Collation

Melon au choix

Repas

Salade de carottes et de fruits

VOIR PHOTO PAGE 97

Breuvage

Tisane, eau ou jus de fruits non sucré

Les à-côtés

Contenant hermétique pour le melon
Contenant hermétique pour la salade de carottes et de fruits
Pellicule d'emballage transparente pour les muffins
Fourchette

Salade de carottes et de fruits (noix de pin)

Une salade tonifiante

4 carottes
2 pommes jaunes Délicieuse ou rouges
1 branche de céleri, hachée
85 ml (1/3 t.) de raisins secs
30 ml (2 c. à s.) d'huile de carthame
85 ml (1/3 t.) de noix de pin ou de graines de tournesol
le jus d'un citron pressé
sel de mer au goût

2 Portions
Préparation : 5 minutes

☞ Râper les carottes, couper les pommes en cubes, déposer tous les ingrédients dans un bol et mélanger.

☞ Se conserve 2 jours au réfrigérateur.

Bon repas énergétique offrant une abondance d'éléments nutritifs.

D'une plus grande fraîcheur à l'automne.

Muffins au son, raisins et pruneaux

Une source naturelle de fibres

65 ml (1/4 t.) d'huile de soja ou de tournesol
85 ml (1/3 t.) de mélasse ou de purée de dattes
1 banane mûre (écrasée à la fourchette)
250 ml (1 t.) de lait de soja
375 ml (1 1/2 t.) de son de blé ou d'avoine
250 ml (1 t.) de farine de blé à pâtisserie
5 ml (1 c. à thé) de levure (poudre à pâte)
125 ml (1/2 t.) de raisins secs
65 ml (1/4 t.) de pruneaux secs hachés

8 muffins
Préparation : 10 minutes
Cuisson : 30 minutes

↬ Mélanger ensemble l'huile, la mélasse, la banane écrasée et le lait de soja, puis incorporer le son.

↬ Mélanger les ingrédients secs puis ajouter le premier mélange en brassant à la cuillère de bois.

↬ Déposer dans des moules huilés et cuire à 180 °C (350 °F) de 25 à 30 minutes. La mélasse peut être remplacée par de la purée de dattes : ajouter 85 ml (1/3 t.) de dattes et cuire jusqu'à l'obtention d'une purée.

Ces délicieux muffins, riches en fibres, favorisent
une élimination intestinale en douceur.

La germination

Un aliment très régénérateur

Menu 9

La germination est un aliment vivant ayant un grand pouvoir de régénération pour nos cellules. En plus de renforcer le système immunitaire, elle contribue d'une façon naturelle à l'autoguérison de plusieurs maux.

Collation

Bleuets ou fraises

Repas

Laitue chinoise et germination
Pain croûté de blé entier
Carré aux dattes (facultatif)

VOIR PHOTO PAGE 100

Breuvage

Tisane, eau ou jus de fruits non sucré

Les à-côtés

Contenant hermétique pour les fruits
Contenant hermétique pour la laitue chinoise et la germination
Pellicule d'emballage transparente pour le pain et le carré aux dattes
Fourchette

Laitue chinoise et germination

Un choix judicieux pour notre bien-être

1 laitue chinoise coupée en tranches

500 ml (2 t.) de fèves germées

500 ml (2 t.) de riz ou de millet cuit

85 ml (1/4 t.) de noix de pin

1 courgette (zucchini) coupée en cubes

6 radis coupés en rondelles

1 échalote hachée

1 poivron vert ou rouge haché

125 ml (1/2 t.) de luzerne

85 ml (1/3 t.) de lentilles germées

65 ml (1/4 t.) de pois chiches germés

Sauce

85 ml (1/3 t.) d'huile de tournesol pressée à froid

30 ml (2 c. à s.) de sauce tamari

2 gousses d'ail pressées

poivre de Cayenne au goût

2 à 3 Portions
Préparation : 10 minutes

✎ Bien mélanger les ingrédients et la sauce. Laisser mariner.

✎ La sauce se conserve 2 semaines au réfrigérateur.

Cette salade très nourrissante dont le goût nous séduit constitue un repas bien équilibré.

Carrés aux dattes

Ils font tout simplement fureur

500 ml (2 t.) de dattes dénoyautées
500 ml (2 t.) d'eau
125 ml (1/2 t.) de noix de Grenoble concassées
5 ml (1 c. à thé) de vanille
500 ml (2 t.) de flocons d'avoine
500 ml (2 t.) de farine de blé à pâtisserie
125 ml (1/2 t.) de poudre de malt
125 ml (1/2 t.) d'huile de tournesol pressée à froid
2 ml (1/2 c. à thé) de bicarbonate de soude (soda à pâte)
45 ml (3 c. à s.) d'eau

9 Portions
Préparation : 10 minutes
Cuisson : 20 minutes

- Pour épaissir, cuire les dattes dans l'eau à feu moyen pendant 10 minutes. À la fin de la cuisson, ajouter les noix et la vanille. Mettre de côté.

- Mélanger à la main tous les autres ingrédients. Déposer et presser la moitié de cette préparation dans un plat huilé de 20 cm x 20 cm (8 po x 8 po) allant au four.

- Verser ensuite le mélange de dattes et couvrir du reste de la préparation. Presser légèrement. Cuire à 180 °C (350 °F) de 20 à 25 minutes.

Voilà un dessert santé savoureux qui satisfait tous les palais. Les carrés aux dattes se conservent facilement 2 mois lorsque congelés.

Fromage cottage

Un fortifiant pour les os

Menu 10

Les fromages et les yogourts frais sont riches en protéines, calcium et magnésium.

Les personnes ayant des difficultés à les digérer peuvent les remplacer par les amandes ou le tofu.

Collation

Cantaloup

Repas

Salade de tomates
Fromage cottage ou tofu grillé
Biscottes au choix ou petit pain de blé entier
Biscuits macarons

VOIR PHOTO PAGE 100

Breuvage

Tisane, eau ou jus de fruits non sucré

Les à-côtés

Plat hermétique pour le cantaloup
Plat hermétique pour la salade et le fromage cottage, le yogourt ou le tofu grillé
Pellicule d'emballage transparente pour les biscottes et les biscuits
Sac réfrigérant (ice pack) pour conserver la fraîcheur du produit laitier
Fourchette

Salade de tomates

Savoureuse, surtout durant la saison estivale

4 tomates coupées en quartiers
85 ml (1/3 t.) d'oignon espagnol haché
2 branches de céleri hachées
1 bouquet de persil haché
30 ml (2 c. à s.) d'huile d'olive ou de carthame
175 ml (2/3 t.) de fromage cottage ou de tofu grillé
basilic frais au goût
sel de mer et poivre de Cayenne au goût

2 Portions
Préparation : 5 minutes

↪ Déposer tous les ingrédients dans un bol à l'exception du fromage cottage ou du tofu grillé. Mélanger délicatement et coiffer de fromage cottage ou de tofu grillé. (Voir la recette suivante pour le tofu grillé).

Ce repas est riche en vitamines et minéraux.

La tomate est une bonne source de vitamine C et de potassium. Elle contient de la vitamine A et de l'acide folique. Elle est diurétique, désintoxiquante et reminéralisante.

Recette idéale pour les chaleurs de l'été.

Tofu grillé

Simple et savoureux comme tout

450 g (16 oz) de tofu (1 bloc)
45 ml (3 c. à s.) d'oignon séché
30 ml (2 c. à s.) d'huile de tournesol
30 ml (2 c. à s.) de sauce tamari
poivre de Cayenne au goût

4 Portions
Préparation : 2 minutes
Cuisson : 5 minutes

↪ Couper le tofu en cubes, déposer dans une poêle antiadhésive avec l'oignon séché, faire dorer. Fermer le feu, ajouter les autres ingrédients en brassant bien.

Le tofu grillé se sert aussi bien chaud que froid, en salade, en sandwich, dans les soupes, avec les pâtes, etc.

Il constitue un excellent substitut de la viande et se conserve facilement 2 mois au congélateur.

Biscuits macarons

Tout le bon goût de la noix de coco

85 ml (1/3 t.) d'huile de tournesol pressée à froid
85 ml (1/3 t.) de sucre brut ou de poudre de malt
500 ml (2 t.) de noix de coco non sucrée
250 ml (1 t.) de farine de blé à pâtisserie
65 ml (1/4 t.) de brisures de caroube non sucrée
5 ml (1 c. à thé) de levure (poudre à pâte)
125 ml (1/2 t.) de jus de pomme non sucré
5 ml (1 c. à thé) de vanille

20 biscuits
Préparation : 5 minutes
Cuisson : 20 minutes

↪ Mélanger tous les ingrédients ensemble. Déposer par cuillerée sur une plaque à biscuits huilée.

↪ Cuire au four à 180 °C (350 °F) de 15 à 20 minutes

Savoureux !

La pomme de terre

Toute douce !

Menu 11

La pomme de terre est une bonne source de potassium. Il est préférable de la consommer cuite. Combinée à des légumes verts, elle se digère facilement.

Prendre 60 ml (2 oz) de jus de pomme de terre à l'extracteur est un excellent moyen de lutter contre l'acidité.

Collation

Pomme, poire

Repas

Bâtonnets de céleri
Salade de pommes de terre servie sur un lit de laitue et de luzerne
Roulés au beurre de pomme

Breuvage

Tisane, eau ou lait de soja

Les à-côtés

Sac à sandwich refermable pour les bâtonnets de céleri
Contenant hermétique pour la salade de pommes de terre
Pellicule d'emballage transparente pour les roulés au beurre de pomme
Sac réfrigérant (ice pack) pour garder le repas au frais, surtout l'été.
Fourchette

Salade de pommes de terre

Un repas de féculents fort bien équilibré

4 grosses pommes de terre
500 ml (2 t.) de haricots verts
1 carotte
1 poivron vert
2 échalotes
1 branche de céleri
12 pois mange-tout
250 ml (1 t.) de maïs frais ou congelé (cuit)
30 ml (2 c. à s.) d'huile de carthame
30 ml (2 c. à s.) de mayonnaise naturelle (ou plus)
5 ml (1 c. à thé) d'origan
5 ml (1 c. à thé) de basilic
sel de mer et poivre de Cayenne au goût

4 Portions
Préparation : 15 minutes
Cuisson : 10 minutes

- Cuire les pommes de terre et les haricots légèrement (al dente).

- Laisser refroidir et couper en morceaux.

- Hacher finement les autres légumes, ajouter le maïs cuit et mélanger avec le reste des ingrédients.

- Servir sur un lit de laitue et de luzerne.

- Pour préparer à l'avance, déposer la mayonnaise sur le dessus et mélanger au moment de servir.

Roulés au beurre de pomme

Une gourmandise santé

500 ml (2 t.) de farine de blé à pâtisserie
1 ml (1/4 c. à thé) de sel de mer
5 ml (1 c. à thé) de levure (poudre à pâte)
30 ml (2 c. à s.) de germe de blé (facultatif)
85 ml (1/3 t.) d'huile de soja ou de tournesol
175 ml (2/3 t.) d'eau
125 ml (1/2 t.) de beurre de pomme
cannelle au goût

16 roulés
Préparation : 25 minutes
Cuisson : 25 minutes

- Mélanger tous les ingrédients secs ensemble et faire une fontaine.

- Mixer à grande vitesse l'huile et l'eau pour rendre crémeux.

- Verser dans la fontaine et brasser légèrement à la fourchette pour former une boule. Laisser reposer 20 minutes avant de rouler.

- Déposer et rouler la pâte sur une surface enfarinée. Étendre le beurre de pomme sur la pâte et saupoudrer de cannelle.

- Rouler délicatement et couper en bouchées.

- Cuire à 180 °C (350 °F) durant 25 minutes.

La carotte et la pomme

Un mariage savoureux

Menu 12

La carotte est surtout reconnue pour sa richesse en vitamine A (bêtacarotène). De plus, elle contient des minéraux importants tels que le calcium, l'iode et le potassium. La consommation de carottes crues est un excellent moyen d'améliorer sa santé et de prévenir nombre de maladies.

La pomme, quant à elle, contient un sucre énergétique facile à assimiler. C'est un fruit qui est excellent pour la vésicule biliaire, le foie et la rate. Elle favorise une bonne élimination et concourt à la régénération de l'organisme. Il est suggéré d'en consommer 2 ou 3 chaque jour.

Collation

Une grappe de raisins ou un jus à l'extracteur
Concombre et courgette (zucchini)

Repas

Salade de carottes, pommes et céleri
Muffins aux bleuets

Breuvage

Tisane, eau ou jus de fruits non sucré

Les à-côtés

Thermos de 240 ml (8 oz) pour le jus
Plat hermétique pour la salade de carottes, pommes et céleri
Pellicule d'emballage transparente pour les muffins
Fourchette

Jus de concombre et courgette (zucchini)

Les jus frais, un atout pour la santé

1/2 concombre
1 courgette
1 bonne portion de persil frais
1 poivron rouge

Environ 180 ml (6 oz)
Préparation : 5 minutes

- Bien nettoyer les légumes en les brossant ou les faire tremper 30 minutes dans l'eau froide avec un savon biodégradable conçu pour nettoyer les légumes.

- Couper en morceaux, passer à l'extracteur. Boire immédiatement et lentement, au moins 15 minutes avant le repas. Peut être préparé d'avance (6 heures au maximum), mais ajouter alors une capsule de vitamine C ou le jus d'un demi-citron pour empêcher l'oxydation.

Ce jus offre tous les bienfaits des légumes verts riches en vitamines et minéraux. Cette combinaison aux propriétés diurétiques favorise l'élimination de l'eau.

Les jus frais sont reconnus pour être des aliments très concentrés. Ils sont une excellente source de vitalité. Faciles à digérer, ils conviennent même aux estomacs les plus fragiles.

Salade de carottes, pommes et céleri

Un ravissement pour les fins gourmets

4 carottes
2 branches de céleri hachées
2 pommes coupées en cube
65 ml (1/4 t.) de raisins secs
10 à 12 amandes
30 ml (2 c. à s.) d'huile de tournesol
le jus d'un citron pressé
sel de mer au goût

2 Portions
Préparation : 10 minutes
Cuisson : 5 minutes

↶ Râper les carottes, ajouter les autres ingrédients et mélanger le tout.

Se conserve 24 heures au réfrigérateur.

Une salade-repas qui procure énergie, endurance et vitalité.

Muffins aux bleuets

Le bleuet, un fruit du terroir

375 ml (1 1/2 t.) de dattes
375 ml (1 1/2 t.) d'eau
65 ml (1/4 t.) d'huile de tournesol
1 banane écrasée à la fourchette (ou 1 œuf)
5 ml (1 c. à thé) de vanille
625 ml (2 1/2 t.) de farine de blé à pâtisserie
10 ml (2 c. à thé) de levure (poudre à pâte)
2 ml (1/2 c. à thé) de bicarbonate de soude (soda à pâte)
375 ml (1 1/2 t.) de bleuets frais ou décongelés égouttés

8 muffins
Préparation : 10 minutes
Cuisson : 40 minutes

- Pour épaissir, cuire les dattes dans l'eau à feu moyen pendant environ 10 minutes.

- Laisser refroidir puis ajouter l'huile, la banane écrasée (ou l'œuf) et la vanille. Brasser.

- Incorporer ensuite la farine, la levure (poudre à pâte) et le bicarbonate de soude (soda à pâte). Mélanger légèrement à la fourchette.

- Ajouter finalement les bleuets en remuant délicatement. Verser dans des moules à muffins huilés, les remplir aux trois quarts et cuire à 180 °C (350 °F) de 25 à 30 minutes.

Les légumineuses (fèves)

Très nourrissantes

Menu 13

Riches en fibres, elles ne contiennent pas de gras saturés. Il faut apprendre à les apprivoiser pour en apprécier tous les bienfaits.

Offertes dans une très grande variété elles peuvent être combinées avec des noix ou des céréales pour devenir d'excellents substituts de la viande.

Collation

Pêche, prune

Repas

Salade tendre et fraîche
Salade de fèves rouges et de noix
Croûtons de blé à l'ail ou bâtonnets de sésame

VOIR PHOTO PAGE 98

Breuvage

Tisane, eau ou lait de riz

Les à-côtés

Contenants hermétiques pour la salade verte et la salade de fèves rouges et de noix
Sac refermable pour les croûtons ou les bâtonnets de sésame
Fourchette

Salade tendre et fraîche

Toute l'abondance et la fraîcheur du jardin

1 laitue Boston ou frisée (déchiquetée)

1 poivron rouge haché

2 carottes râpées

1 courgette (zucchini) coupée en cubes

2 épis de maïs crus ou cuits (enlever les grains des épis)

2 échalotes hachées

1 branche de céleri hachée

2 feuilles de menthe fraîche hachées

persil au goût

Sauce à salade

65 ml (1/4 t.) d'huile de carthame

le jus d'un demi citron pressé

1 à 2 gousses d'ail hachées ou pressées

sel de mer, poivre de Cayenne et basilic au goût

2 Portions
Préparation : 10 minutes

↶ Mélanger tous les ingrédients et arroser de sauce au moment de servir.

Cette salade est excellente avant un repas riche en protéines.

Salade de fèves rouges et de noix

Un goût tout à fait délicieux

250 ml (1 t.) de fèves rouges (rognons)
750 ml (3 t.) d'eau
4 échalotes hachées
1 poivron vert ou jaune haché
1 grosse tomate coupée en cubes
1 branche de céleri hachée
1 gousse d'ail hachée
85 ml (1/3 t.) de noix d'acajou
le jus d'un citron
30 ml (2 c. à s.) d'huile de carthame
sel de mer, poivre de Cayenne, basilic et persil haché au goût

2 Portions
Préparation : 10 minutes
Cuisson : 100 minutes

- Ne pas faire tremper les fèves rouges afin d'éviter leur bris. Les faire cuire à ébullition pendant 10 minutes dans 1.5 litre (6 t.) d'eau. Jeter la première eau de cuisson. Les faire cuire à nouveau dans 1.5 litre (6 t.) d'eau à feu moyen pendant 1 1/2 heure. Rincer, égoutter et laisser refroidir.

- Ajouter tous les autres ingrédients, bien mélanger.

Se conserve 24 heures au réfrigérateur.

Les légumineuses sont délicieuses mais ont un goût très particulier.
Il faut donc les apprivoiser. Mais quelle découverte !

Croûtons de blé à l'ail

Faciles à préparer, économiques et savoureux

1 (5 t.) pain croûté de blé entier coupé en cubes
15 ml (1 c. à s.) de poudre d'oignon
5 ml (1 c. à thé) de basilic
65 ml (1/4 t.) d'huile de tournesol
4 gousses d'ail pressées
sel de mer et poivre de Cayenne au goût

Croûtons
Préparation : 5 minutes
Cuisson : 20 minutes

↬   Faire sécher les croûtons de blé entier au four à 150 °C (300 °F) pendant 15 minutes. Laisser refroidir. Verser l'huile de tournesol dans un grand poêlon, ajouter l'ail, le sel de mer et le poivre de Cayenne. Bien brasser. Chauffer à feu doux, ajouter les croûtons de blé rôtis, la poudre d'oignon, le basilic et laisser dorer en brassant continuellement avec une fourchette pour imbiber.

Ces croûtons agrémentent à merveille les soupes, les salades, les trempettes et les crudités.

Les fruits

Du sucre 100 % naturel et assimilable

Menu 14

L'ensemble de ce menu contient beaucoup de bons sucres énergétiques. Il est approprié pour les journées où on ressent un surplus de fatigue et où les besoins en sucre sont plus importants. Il constitue aussi une abondante source de sels minéraux, d'eau, de vitamines et de fibres.

Dans les fruits séchés, la quantité de fructose assimilable est très élevée ; ils en contiennent 50 % de plus que les fruits frais. Ce sucre concentré est excellent pour la santé, surtout en saison froide.

Collation

Barre énergétique croustillante ou melon

Repas

Salade de fruits exotiques
Pain aux bananes et aux noix

VOIR PHOTO PAGE 99

Breuvage

Tisane, eau ou lait de soja

Les à-côtés

Sac à sandwich refermable pour la barre énergétique croustillante ou le melon
Plat hermétique pour la salade de fruits exotiques
Pellicule d'emballage transparente pour le pain aux bananes et aux noix
Cuillère

Barres énergétiques croustillantes

Des barres nutritives, délectables et riches en fibres

85 ml (1/3 t.) d'huile de tournesol
65 ml (1/4 t.) de sucre brut
5 ml (1 c. à thé) de vanille
85 ml (1/3 t.) de jus de pomme
125 ml (1/2 t.) de lait de soja
250 ml (1 t.) de céréales granola
375 ml (1 1/2 t.) de farine de blé à pâtisserie
2 ml (1/2 c. à thé) de bicarbonate de soude (soda à pâte)
2 ml (1/2 c. à thé) de cannelle
2 ml (1/2 c. à thé) de muscade
250 ml (1 t.) de noix de coco non sucrée
85 ml (1/3 t.) de raisins secs
65 ml (1/4 t.) de brisures de caroube
65 ml (1/4 t.) de noix d'acajou

8 barres
Préparation : 10 minutes
Cuisson : 20 minutes

- Mélanger l'huile, le sucre brut, la vanille, le jus de pomme et le lait de soja. Bien brasser.

- Ajouter le reste des ingrédients, mélanger à la fourchette.

- Verser dans un moule huilé de 20 cm x 20 cm (8 po x 8 po) et presser.

- Cuire à 170 ºC (325 ºF) durant 20 minutes.

- Laisser refroidir et couper en barres.

Salade de fruits exotiques

Un goût ensoleillé

2 pêches coupées en cubes
2 pommes coupées en cubes
1 banane coupée en tranches
6 dattes Medjol ou autres dénoyautées et hachées
4 abricots frais ou séchés coupés en morceaux
1 grappe de raisins coupés en deux
1 mangue pelée et coupée en morceaux
85 ml (1/3 t.) de noix de coco
85 ml (1/3 t.) de noix de pacane

4 à 6 Portions
Préparation : 10 minutes

▷ Mélanger délicatement tous les ingrédients. Si le mélange est trop sec, ajouter 85 ml (1/3 t.) de jus de pomme ou un peu d'eau.

Cette salade alléchante est une harmonie de couleurs et de saveurs.

Pain aux bananes et aux noix

Tout le parfum de la banane

250 ml (1 t.) de dattes dénoyautées
250 ml (1 t.) d'eau
2 bananes écrasées à la fourchette
65 ml (1/4 t.) d'huile de tournesol
5 ml (1 c. à thé) de vanille
500 ml (2 t.) de farine de blé à pâtisserie
10 ml (2 c. à thé) de levure (poudre à pâte)
85 ml (1/3 t.) noix de Grenoble hachées
2 ml (1/2 c. à thé) cannelle
2 ml (1/2 c. à thé) muscade

6 à 8 portions
Préparation : 10 minutes
Cuisson : 35 minutes

☞ Cuire les dattes dans l'eau jusqu'à ébullition. Réduire le feu et laisser mijoter environ 5 minutes ou jusqu'à épaississement.

☞ Refroidir puis ajouter les bananes écrasées, l'huile et la vanille. Mélanger à la fourchette.

☞ Ajouter le reste des ingrédients et brasser légèrement. Verser dans un moule à pain huilé et cuire au four à 180 °C (350 °F) durant 35 minutes.

☞ Vérifier la cuisson en piquant le centre du pain avec un cure-dent.

On peut accompagner ce pain d'une purée de fruits.

Végé-pâté

Savoureux et très nutritif

Menu 15

Ce menu présente une combinaison de végétaux procurant une protéine complète. Il est également une source de minéraux. Les vitamines du groupe B présentes dans la levure alimentaire font de ce menu un repas riche en valeurs nutritives de haute qualité, constituant ainsi un excellent substitut à la viande.

Collation

Fraises ou bleuets

Repas

Soupe aux légumes ou salade verte
Végé-pâté sur pain pita de blé entier
Roulés au beurre de pomme

N.B. Pour la recette des roulés au beurre de pomme, voir page 57.

Breuvage

Tisane, eau ou jus de fruits non sucré

Les à-côtés

Plat hermétique pour les fraises ou les bleuets
Thermos pour la soupe aux légumes
Sac à sandwich refermable pour le pain pita au végé-pâté
Pellicule d'emballage transparente pour les roulés au beurre de pomme

Soupe aux légumes

Les bons légumes de chez nous

3 carottes
250 ml (1 t.) de navet
1 branche de céleri
2 oignons (ou 1/2 poireau)
500 ml (2 t.) de chou vert
12 haricots verts frais
1 poivron rouge ou vert
1 épis de maïs frais égrainé (ou 1 t. de grains de maïs congelés)
1 1/2 l (6 t.) d'eau
5 ml (1 c. à thé) de concentré de légumes (ou1 cube)
30 ml (2 c. à s.) d'huile de carthame ou de tournesol
30 ml (2 c. à s.) de sauce tamari
5 ml (1 c. à thé) de miso
poivre de Cayenne, origan et basilic au goût

6 Portions
Préparation : 15 minutes
Cuisson : 10 minutes

- Couper finement tous les légumes, les mettre dans l'eau, ajouter le concentré de légumes.

- Porter à ébullition, réduire le feu, laisser mijoter environ 8 minutes ; les légumes doivent rester croquants.

- À la fin de la cuisson, ajouter le reste des ingrédients.

Le parfum de cette soupe est très invitant.

Végé-pâté

Remplace favorablement la viande

190 ml (3/4 t.) de graines de tournesol
65 ml (1/4 t.) de graines de sésame
125 ml (1/2 t.) de levure alimentaire
250 ml (1 t.) de farine de blé à pâtisserie
3 gros oignons
3 à 4 gousses d'ail
3 grosses pommes de terre
2 carottes
125 ml (1/2 t.) d'huile de tournesol
250 ml (1 t.) d'eau
60 ml (4 c. à s.) de sauce tamari
15 ml (1 c. à s.) d'oignons émincés séchés
5 ml (1 c. à thé) de basilic
5 ml (1 c. à thé) de thym
poivre de Cayenne au goût

10 à 12 Portions
Préparation : 15 minutes
Cuisson : 40 minutes

- Moudre les graines ensemble, hacher les oignons et l'ail, râper les autres légumes.

- Mélanger tous les ingrédients, verser dans un moule de 20 cm x 25 cm (8 po x 10 po). Cuire au four à 180 °C (350 °F) durant 40 minutes.

Ce « tartinage » servi sur du pain pita de blé entier garni de laitue, de tranches de tomate ou de carotte râpée, de luzerne et de moutarde naturelle, constitue un aliment complet en protéines.

L'aubergine

À découvrir

Menu 16

Il existe plusieurs variétés d'aubergine.

L'aubergine, reconnue pour sa douceur, fait partie de la grande famille des courges. Elle favorise une bonne élimination. Elle contient du fer, du calcium et du potassium.

Collation

Muffins au citron et aux graines de pavot

Repas

Salade de chou
Boulette d'aubergine
Petit pain croûté de blé entier

VOIR PHOTO PAGE 97

Breuvage

Tisane, eau ou lait de soja

Les à-côtés

Pellicule d'emballage transparente pour les muffins et le petit pain farci de la boulette d'aubergine
Plat hermétique pour la salade de chou
Fourchette

Muffins au citron et aux graines de pavot

Un petit nuage citronné rafraîchissant et doux

375 ml (1 1/2 t.) de dattes dénoyautées
375 ml (1 1/2 t.) d'eau
65 ml (1/4 t.) de jus de citron pressé
5 ml (1 c. à thé) de tapioca moulu (moudre au moulin à café)
15 ml (1 c. à s.) de zeste de citron
65 ml (1/4 t.) d'huile de tournesol ou de carthame pressée à froid
5 ml (1 c. à thé) de vanille
15 ml (1 c. à s.) de graines de pavot
625 ml (2 1/2 t.) de farine de blé à pâtisserie
10 ml (2 c. à thé) de levure (poudre à pâte)
2 ml (1/2 c. à thé) de bicarbonate de soude (soda à pâte)

10 muffins
Préparation : 7 minutes
Cuisson : 35 minutes

- Cuire les dattes dans l'eau jusqu'à ébullition. Réduire le feu et laisser mijoter environ 10 minutes ou jusqu'à épaississement. Refroidir.

- Dans une petite casserole, chauffer le jus de citron et le tapioca moulu jusqu'à ébullition. Fermer le feu, laisser refroidir et ajouter le zeste de citron. Mêler les deux préparations ensemble, ajouter l'huile et la vanille, puis brasser.

- Ajouter le reste des ingrédients et brasser légèrement à la fourchette. Verser le mélange dans des moules à muffins huilés et cuire au four à 180 °C (350 °F) environ 25 minutes.

Frais et succulents en tout temps.

Salade de chou

En salade ou en jus, le chou est un puissant revitalisant

1 petit chou vert ou rouge
2 carottes
1 branche de céleri
1 échalote
persil et basilic au goût
30 ml (2 c. à s.) d'huile d'olive ou de carthame
15 ml (1 c. à s.) de mayonnaise maison ou naturelle
le jus d'un demi citron pressé
sel de mer et poivre de Cayenne au goût

3 à 4 Portions
Préparation : 10 minutes
Cuisson : 10 minutes

↬ Râper le chou et les carottes. Hacher le céleri, l'échalote, le persil et le basilic frais. Ajouter le reste des ingrédients et bien mélanger le tout. Pour rendre plus crémeux, ajouter de la mayonnaise, au goût.

Cette salade est idéale pour accompagner les repas ou comme garniture dans les pains.

Ce bon légume de chez nous a des vertus importantes. Il permet de guérir les maux d'estomac et de calmer les intestins irrités, tout en renforçant le système immunitaire.

En plus de le consommer en salade, on peut boire du jus de chou fait à l'extracteur, 60 ml (2 oz) 30 minutes avant le repas.

Boulettes d'aubergine

Un succès fou, cette petite douceur

1 aubergine moyenne
85 ml (1/3 t.) d'eau
65 ml (1/4 t.) de lait de soja
440 ml (1 3/4 t.) de chapelure de pain de blé entier
125 ml (1/2 t.) de fromage râpé
1 petit oignon haché
125 ml (1/2 t.) de persil haché
2 gousses d'ail émincées
30 ml (2 c. à s.) de graines de sésame moulues
1 carotte râpée finement
sel de mer et poivre de Cayenne au goût

15 boulettes
Préparation : 8 minutes
Cuisson : 10 minutes

- Peler et couper l'aubergine en cubes, cuire dans l'eau pour réduire en purée.

- Ajouter tous les autres ingrédients et façonner en boulettes.

- Huiler le fond d'un poêlon et dorer les boulettes de chaque côté.

- Ouvrir un petit pain ou un pain pita, déposer 1 ou 2 boulettes, garnir de tranches de tomate, de laitue et de mayonnaise.

Se servent aussi bien froides que chaudes.

Les végé-cretons

Un délicieux mariage

Menu 17

Le succulent mélange de végé-pâté et de cretons constitue une protéine complète et un substitut à la viande.

Riche en calcium, magnésium, potassium et en vitamines du complexe B, il contient aussi du fluor et des oligoéléments.

Collation

Banane

Repas

Lamelles de poivron, carotte et céleri
Végé-cretons
Pain pita de blé entier

VOIR PHOTO PAGE 99

Breuvage

Tisane, eau ou jus de fruits non sucré

Les à-côtés

Sacs refermables pour les légumes
Pellicule d'emballage transparente pour le pain pita et les végé-cretons

Végé-cretons

Un « tartinage » suprême de haute qualité

190 ml (3/4 t.) de graines de tournesol
30 ml (2 c. à s.) de graines de sésame
125 ml (1/2 t.) de levure alimentaire
250 ml (1t.) de farine de blé à pâtisserie
3 gros oignons
3 à 4 gousses d'ail
3 grosses pommes de terre
1 courgette (zucchini)
125 ml (1/2 t.) d'huile de tournesol
250 ml (1 t.) d'eau
65 ml (1/4 t.) de sauce tamari
65 ml (1/4 t) de tahini (beurre de sésame)
5 ml (1 c. à thé) de cannelle
2 ml (1/2 c. à thé) de muscade
5 ml (1 c. à thé) de clou de girofle
basilic et poivre de Cayenne

12 Portions
Préparation : 15 minutes
Cuisson : 40 minutes

↦ Moudre les graines ensemble. Hacher les oignons et l'ail et
râper les autres légumes. Mélanger tous les ingrédients
ensemble. Verser dans un moule de 20 cm x 25 cm (8 po x
10 po) et cuire au four à 180 ºC (350 ºF) environ 40 minutes.

Ce « tartinage » est excellent sur des biscottes, en sandwich ou dans
les pains pita, avec des légumes tels que luzerne, laitue, carotte
râpée. On peut aussi l'apprécier sur des rôties avec de la moutarde.
Quel délice !

L'avocat

Remplace favorablement le beurre

Menu 18

L'avocatier est originaire du Mexique. Son fruit, l'avocat, ressemble à une grosse poire et sa chair a la consistance du beurre.

Riche en lipides et en protéines, il protège les artères en diminuant le taux de cholestérol lorsque utilisé comme succédané au beurre. Ses bienfaits sont décuplés si on cesse également de consommer des huiles saturées.

Collation

Jus de carotte, de pomme et de céleri ou des fruits frais

Repas

Salade verte
Purée à l'avocat
Petits pains de blé entier
Galettes à l'avoine
N.B. Pour la recette de la salade verte, voir p. 40

VOIR PHOTO PAGE 99

Breuvage

Tisane, eau ou jus de fruits non sucré

Les à-côtés

Thermos pour le jus
Plat hermétique pour la salade
Pellicule d'emballage transparente pour les petits pains de blé entier tartinés de purée à l'avocat et pour les galettes à l'avoine

Jus de carotte, pomme et céleri

Un tonique énergétique et régénérateur

| 2 grosses carottes |
| 1 branche de céleri |
| 1 pomme |

Environ 180 ml (6 oz)
Préparation : 5 minutes

- Bien brosser les carottes et le céleri. Peler les carottes si elles ne sont pas de culture biologique. Laver la pomme. Couper les aliments en morceaux et les passer à l'extracteur.

- Boire au moins 15 minutes avant le repas. Sinon conserver dans un thermos en ajoutant une capsule de vitamine C ou le jus d'un demi-citron frais pour empêcher l'oxydation.

Il est avantageux de consommer les légumes et les fruits crus car les enzymes et les valeurs nutritives qu'ils contiennent demeurent vivantes et en grand nombre. Les jus sont un excellent moyen de favoriser l'assimilation des aliments.

Purée à l'avocat

Un doux nuage crémeux

1 carotte
1 poivron vert
2 échalotes
6 olives noires
6 champignons moyens
1 branche de céleri
2 avocats mûrs
15 ml (1 c. à s.) de mayonnaise naturelle
le jus d'un citron pressé
sel de mer et poivre de Cayenne au goût

4 Portions
Préparation : 10 minutes

> ✎ Hacher finement tous les légumes et les olives. Couper l'avocat en deux, le dénoyauter et l'évider. Écraser la chair de l'avocat à l'aide d'une fourchette et y ajouter tous les autres ingrédients.

> ✎ À consommer immédiatement ou conserver au réfrigérateur pour 24 heures au maximum. Couvrir soigneusement avec une pellicule plastique afin de prévenir l'oxydation.

Ce repas vite préparé est particulièrement apprécié lorsqu'il est accompagné d'une salade bien colorée.

Galettes à l'avoine

Un bon goût d'antan

125 ml (1/2 t.) d'huile de tournesol
85 ml (1/3 t.) de sucre brut
85 ml (1/3 t.) de poudre de malt
5 ml (1 c. à thé) de vanille
85 ml (1/3 t.) de lait de soja
125 ml (1/2 t.) de raisins secs
500 ml (2 t.) de petits flocons d'avoine
250 ml (1 t.) de farine de blé à pâtisserie
5 ml (1 c. à thé) de levure (poudre à pâte)
5 ml (1 c. à thé) de cannelle
85 ml (1/3 t.) de noix de Grenoble concassées

10 galettes
Préparation : 10 minutes
Cuisson : 20 minutes

- Mélanger l'huile, le sucre brut, la poudre de malt, la vanille, le lait de soja et les raisins secs.

- Ajouter tous les autres ingrédients et mélanger légèrement à la fourchette.

- Huiler une plaque à biscuits, déposer le mélange à la grosse cuillère et aplatir. Cuire au four à 180 °C (350 °F) environ 20 minutes.

À l'heure de la pause, ces galettes sont toujours appréciées.

Mousseline aux carottes

Nourrissante et énergétique

Menu 19

Faite à partir de carottes cuites à la vapeur et de jus de carottes à l'extracteur, la mousseline de carottes se marie bien aux valeurs nutritives du tahini (beurre de sésame).

La graine de sésame est une plante oléagineuse originaire de l'Inde. Celle-ci est une véritable mine de calcium, de magnésium et de potassium. Elle est également une source de bonnes protéines.

Collation

Dattes Medjol farcies

Repas

Salade de betteraves
Mousseline aux carottes
Pain de blé entier

Breuvage

Tisane, eau ou lait de riz ou de soja

Les à-côtés

Plat hermétique pour les dattes farcies
Plat hermétique pour la salade de betteraves
Petit contenant hermétique pour la mousseline aux carottes
Pellicule d'emballage transparente pour le pain de blé entier
Fourchette et couteau

Dattes Medjol farcies

Simple et rapide comme l'éclair

8 dattes Medjol ou Barry
40 ml (8 c. à thé) de beurre d'arachide naturel, **crémeux ou croquant**
noix de coco non sucrée

2 Portions
Préparation : 5 minutes

↬ Laver les dattes et les éponger à l'aide d'un essuie-tout. Les couper dans le sens de la longueur et les dénoyauter. Déposer une cuillère à thé ou moins de beurre d'arachide dans chaque datte. Les refermer légèrement et décorer avec de la noix ce coco non sucrée.

Le dattier est un palmier d'Afrique du nord et du Moyen-Orient. Son fruit séché très sucré, la datte, remplace merveilleusement bien le sucre raffiné. En purée, les propriétés sucrantes de la datte sont suffisantes pour l'utiliser dans la confection de succulents desserts. Contrairement au sucre raffiné, elle ne crée pas de dépendance.

Salade de betteraves

D'un rouge sombre, elle est irrésistible

4 betteraves (grosseur moyenne)
1 courgette
1 branche de céleri
1 pomme jaune
30 ml (2 c. à s.) d'huile de carthame pressée à froid
le jus d'un demi citron pressé
sel de mer au goût
un soupçon de cannelle (facultatif)

6 Portions
Préparation : 12 minutes
Cuisson : 8 minutes

↪ Peler et couper les betteraves en cubes. Faire cuire à la vapeur 8 à 10 minutes : elles doivent rester légèrement croquantes. Laisser refroidir un peu et ajouter le reste des ingrédients.

↪ À savourer sur un lit de laitue Boston et de luzerne. Agrémenter d'une tranche de pomme jaune.

La betterave, petite racine ronde, rouge sombre et sucrée, est considérée comme excellente pour la santé. Le fer qu'elle contient aide à régénérer le sang et à lutter contre l'anémie. Elle est aussi un agent de désintoxication lorsqu'on la combine avec la carotte.

Mousseline aux carottes

Sa couleur orangée plaît à coup sûr

1 poivron rouge
3 grosses carottes
125 ml (1/2 t.) de jus de carotte frais
85 ml (1/3 t.) d'eau
30 ml (2 c. à s.) de tahini (beurre de sésame)
sel de mer et poivre de Cayenne au goût

375 ml (1 1/2 t.)
Préparation : 2 minutes
Cuisson : 10 minutes

⌒ Cuire ensemble le poivron et les carottes à la vapeur et laisser refroidir. Déposer dans le mélangeur le poivron rouge et les carottes avec le jus de carotte frais. Mélanger jusqu'à l'obtention d'une purée légère. Ajoutez les autres ingrédients.

Se conserve 3 jours au réfrigérateur, 1 mois au congélateur.

On peut en tartiner des bâtonnets de céleri ou des lamelles de poivron. En trempette, la délayer avec du jus de carotte.

Les épinards

Une excellente source d'antioxydants

Menu 20

L'épinard est une plante potagère herbacée, aux feuilles épaisses et molles d'un vert soutenu. La chlorophylle qu'il contient est bénéfique pour la régénération du système digestif. Sur le plan nutritionnel, mieux vaut consommer les épinards crus et très frais.

Collation

Pomme et céleri

Repas

Salade d'épinards
Maïs soufflé (pop corn) naturel
Gâteau aux dattes
Glaçage Élisabeth

Breuvage

Tisane, eau ou lait de riz

Les à-côtés

Sacs à sandwich pour la pomme, le céleri et le maïs soufflé
Contenant hermétique pour la salade d'épinards
Petit contenant hermétique pour le gâteau aux dattes
Fourchette et cuillère

Salade d'épinards

Riche en chlorophylle

1 sac d'épinards
1/2 laitue chinoise
2 échalotes
2 gousses d'ail
1 branche de céleri
2 carottes
le jus d'un citron pressé
5 olives noires dénoyautées
375 ml (1 1/2 t.) de fromage cottage écrémé ou de cubes de tofu grillé avec la sauce tamari ou quelques noix
sel de mer et basilic au goût

4 Portions
Préparation : 10 minutes
Cuisson : 5 minutes

↪ Déchiqueter les épinards, trancher la laitue chinoise et hacher les autres légumes. Ajouter l'huile, le jus de citron et les olives noires, bien mélanger. Ajouter le fromage cottage ou le tofu grillé ou les noix et assaisonner.

Ce repas léger et complet procure un regain de vitalité à l'organisme.

Gâteau aux dattes

À faire absolument !

250 ml (1 t.) de dattes
250 ml (1 t.) d'eau
65 ml (1/4 t.) d'huile de tournesol
1 banane écrasée à la fourchette
15 ml (1 c. à s.) de vanille
375 ml (1 1/2 t.) de farine de blé à pâtisserie
5 ml (1 c. à thé) de levure (poudre à pâte)
2 ml (1/2 c. à thé) de bicarbonate de soude (soda à pâte)
65 ml (1/4 t.) de graines de tournesol ou de noix concassées

8 Portions
Préparation : 10 minutes
Cuisson : 40 minutes

- Cuire les dattes dans l'eau, porter à ébullition et réduire ensuite le feu jusqu'à épaississement. Retirer du feu et laisser refroidir.

- Ajouter l'huile, la banane, la vanille et mélanger.

- Ajouter le reste des ingrédients et mélanger délicatement à la fourchette.

- Verser dans un moule à gâteau huilé de 20 cm x 20 cm (8 po x 8 po) et cuire au four à 180 °C (350 °F) de 25 à 30 minutes.

L'irrésistible glaçage Élisabeth transforme
ce gâteau en un véritable festin.

Glaçage Élizabeth

Irrésistible

45 ml (3 c. à s.) d'huile de tournesol
1 pincée de sel
125 ml (1/2 t.) de sucre brut
250 ml (1 t.) de lait de soja
15 ml (1 c. à s.) de vanille
315 ml (1 1/4 t.) de noix de coco non sucrée

625 ml (2 1/2 t.)
Préparation : 2 minutes
Cuisson : 4 minutes

- Déposer tous les ingrédients dans un chaudron, porter à ébullition.

- Réduire le feu et laisser mijoter environ 4 minutes.

- Verser tout chaud sur le gâteau aux dattes à sa sortie du four et laisser refroidir.

Variante : on peut remplacer la vanille par
5 ml (1 c. à thé) d'essence d'érable.

Tous en raffolent.

Les légumineuses

Un aliment essentiel

Menu 21

Il existe de nombreuses variétés de légumineuses. La petite fève de Lima, d'un goût savoureux, cuit rapidement et se défait moins durant la cuisson que la grosse. Alcaline, riche en éléments du groupe B, elle contient du fer, du phosphore, du calcium et de la vitamine A. Accompagnée d'une céréale, elle constitue une protéine complète, remplaçant avantageusement la viande. Pour obtenir une assimilation maximale du fer contenu dans les légumineuses, il est préférable de servir au même repas des aliments riche en vitamine C : laitue, brocoli, poivron, persil, agrumes.

Collation

Clémentines

Repas

Radis, céleri, chou rouge en tranches (peut s'apporter sous forme de jus à l'extracteur)
Soupe aux fèves de Lima et à l'orge
Pain, biscottes ou maïs soufflé naturel
Gâteau aux pommes épicé (facultatif)
Sauce aux pommes

Breuvage

Tisane, eau ou lait de riz ou de soja

Les à-côtés

Sac refermable pour les légumes ou thermos pour le jus
Thermos pour la soupe aux fèves de Lima et à l'orge
Contenant hermétique pour le gâteau aux pommes épicé
Cuillère à soupe
Petite cuillère

Soupe aux fèves de Lima et à l'orge

Gastronomie et santé
Partie 1

250 ml (1 t.) de petites fèves de Lima
85 ml (1/3 t.) de légumes séchés
1 feuille de laurier
1 cube de soja
1 morceau d'algue Kombu
1 l (4 t.) d'eau

6 à 8 Portions
Préparation : trempage : 4 heures
Cuisson : 35 minutes

- Faire tremper les fèves 4 heures dans 3 tasses d'eau.

- Jeter l'eau de trempage (excellente pour arroser les plantes).

- Mettre tous les ingrédients dans un chaudron et porter à ébullition.

- Couvrir aux trois quarts et laisser mijoter à feu moyen durant environ 35 minutes.

SUITE PAGE SUIVANTE

Soupe aux fèves de Lima et à l'orge

Gastronomie et santé
Partie 2

85 ml (1/3 t.) d'orge
1 oignon haché
1 pomme de terre râpée
1 branche de céleri hachée
1 carotte coupée en cubes
250 ml (1 t.) de navet coupé en cubes
1 l (4 t.) d'eau
1 boîte de tomates (796 ml/28 oz)
5 ml (1 c. à thé) de concentré de légumes
30 ml (2 c. à s.) d'huile de tournesol ou de carthame
65 ml (1/4 t.) de sauce tamari
poivre de Cayenne, basilic et ciboulette au goût

6 à 8 Portions
Préparation : 10 minutes
Cuisson : 10 minutes

⤍ Dans un grand chaudron, verser les fèves de Lima, l'orge et tous les autres ingrédients sauf l'huile, la sauce tamari et les assaisonnements. Porter à ébullition et laisser mijoter à feu moyen environ 10 minutes. À la fin, ajouter le reste des ingrédients.

Cette soupe-repas peut être accompagnée de quelques noix, de fromage ou de tofu, ou simplement servie avec du pain croûté de blé entier.

Gâteau aux pommes épicé

Un p'tit goût piquant

500 ml (2 t.) de pommes pelées et râpées
85 ml (1/3 t.) d'huile de tournesol
85 ml (1/3 t.) de poudre de malt
85 ml (1/3 t.) de concentré congelé de jus de pomme
85 ml (1/3 t.) de raisins secs
15 ml (1 c. à s.) de vanille
500 ml (2 t.) de farine de blé à pâtisserie
7 ml (1 1/2 c. à thé) de levure (poudre à pâte)
2 ml (1/2 c. à thé) de bicarbonate de soude (soda à pâte)
5 ml (1 c. à thé) de cannelle
2 ml (1/2 c. à thé) de muscade
1 ml (1/4 c. à thé) de clou de girofle

6 Portions
Préparation : 10 minutes
Cuisson : 35 minutes

- Mélanger les pommes râpées, l'huile, la poudre de malt, le concentré congelé de jus de pomme, les raisins secs et la vanille.

- Ajouter le reste des ingrédients et mélanger délicatement sans trop brasser. Verser la préparation dans un moule huilé de 18 cm x 18 cm (7 po x 7 po) ou dans un moule à pain.

- Cuire à 180 °C (350 °F) environ 35 minutes.

Servir avec la sauce aux pommes.

Sauce aux pommes

Miam ! Miam !

500 ml (2 t.) de jus de pomme non sucré
65 ml (1/4 t.) de concentré de jus de pomme
85 ml (1/3 t.) d'eau
30 ml (2 c. à s.) de beurre de pomme
37 ml (2 1/2 c. à s.) de tapioca moulu
5 ml (1 c. à thé) de coriandre

625 ml (2 1/2 t.)
Préparation : 2 minutes
Cuisson : 5 minutes

◦ Mixer tous les ingrédients à petite vitesse dans le mélangeur.

◦ Porter ensuite à ébullition en brassant et laisser mijoter à feu moyen durant 5 minutes. Laisser refroidir et réfrigérer.

*Se conserve 1 semaine au réfrigérateur et
de 2 à 3 mois au congélateur.*

*Délicieuse sur des crêpes, du pain doré, des biscuits ou
simplement sur les rôties du matin.*

Le tofu

Un substitut à la viande

Menu 22

Le tofu est fabriqué à partir de la fève de soja. Cette fève, une source de protéines complètes, remplace entièrement la viande. Elle est pauvre en glucides (hydrates de carbone) présents sous forme d'amidon. Facile à apprêter, elle se marie bien aux légumes. Le tofu, quant à lui, est vendu déjà tout préparé. Il s'agit d'un aliment extrêmement nutritif.

Collation

Cantaloup en tranches

Repas

Salade légère
Tofu pané
Pain pita ou croûté
Crème à l'orange

VOIR PHOTO PAGE 98

Breuvage

Tisane, eau ou jus de fruits non sucré

Les à-côtés

Sac à sandwich refermable ou plat hermétique pour le cantaloup
Plat hermétique pour la salade
Pellicule d'emballage transparente pour le tofu pané
Petit contenant pour la crème à l'orange
Fourchette et cuillère

Menus 3, 8, 16

Menus 13, 22, 24

Menus 14, 17, 18

Menus 9, 10, 25

Salade légère

Vite préparée et savoureuse

1 petite laitue Iceberg déchiquetée
1/4 de chou vert tranché en fines lamelles
1 bouquet de persil frais haché
1 branche de céleri émincée
4 radis coupés en rondelles
1/2 concombre coupé en cubes
1 oignon rouge tranché fin, au goût
sel de mer aux légumes
poivre de Cayenne, basilic et origan au goût
30 ml (2 c. à s.) d'huile d'olive pressée à froid
le jus d'un demi citron pressé

3 à 4 Portions
Préparation : 8 minutes
Cuisson : 5 minutes

⤷ Déposer tous les ingrédients dans un grand bol et bien mélanger.

Une salade « sur le pouce » appréciée de tous ceux et celles qui aiment se garder en forme. Elle accompagne bien tout genre de repas et est facile à digérer.

Il est toujours préférable de manger la salade avant le repas.

Tofu pané

Remplace bien les croquettes de poulet

450 g (16 oz) de tofu (1 bloc)
125 ml (1/2 t.) d'eau
65 ml (1/4 t.) de sauce tamari
15 ml (1 c. à s.) de poudre d'oignon
5 ml (1 c. à thé) de basilic
30 ml (2 c. à s.) de gingembre frais râpé
250 ml (1 t.) de chapelure de pain de blé entier
85 ml (1/3 t.) de semoule de maïs
15 ml (1 c. à s.) de poudre d'oignon
poivre de Cayenne, origan, et thym au goût

4 Portions
Préparation : 5 minutes
Cuisson : 10 minutes

- ✎ Couper le tofu en tranches (pas trop minces), mettre en attente.
- ✎ Mélanger ensemble l'eau, la sauce tamari, la poudre d'oignon, le basilic et le gingembre râpé, y déposer délicatement les tranches de tofu et laisser macérer 3 heures dans un plat fermé hermétiquement. Retourner le plat toutes les 15 minutes environ pour assurer une macération complète.
- ✎ Mélanger ensemble le reste des ingrédients et rouler chaque tranche de tofu macéré dans la chapelure. Huiler une grande poêle et rôtir environ 5 minutes de chaque côté. Pour une panure plus épaisse, humecter les tranches de tofu avec un œuf battu avant de les rouler dans la chapelure.

N.B. Il est possible de laisser macérer le tofu jusqu'à 3 ou 4 jours au réfrigérateur, ce qui en fait un mets délicieux. Il se mange aussi bien froid avec une salade ou dans un pain pita accompagné de laitue et de tomates que chaud avec de bons légumes.

Crème à l'orange

Une saveur rafraîchissante

690 ml (2 3/4 t.) de jus d'orange pur non sucré
65 ml (1/4 t.) de concentré de jus d'orange congelé non sucré
290 ml (10 oz) de tofu mou en crème (vendu en petite boîte)
6 abricots séchés et hachés
30 ml (2 c. à s.) d'agar-agar en flocons
65 ml (1/4 t.) de jus d'orange pur non sucré
60 ml (4 c. à s.) de farine de marante
30 ml (2 c. à s.) de zeste d'orange

4 Portions
Préparation : 5 minutes
Cuisson : 5 minutes

- Brasser à grande vitesse dans le mélangeur le jus d'orange pur, le concentré de jus d'orange congelé, le tofu mou, les abricots et l'agar-agar. Verser dans une casserole et porter à ébullition.

- Délayer la farine de marante avec 65 ml (1/4 t.) de jus d'orange pur et verser en filet dans la préparation chaude pour épaissir.

- Retirer du feu et ajouter le zeste d'orange.

Cette crème veloutée est succulente sur du gâteau, des crêpes ou avec des biscuits.

La polenta (semoule de maïs)

Un substitut à la pomme de terre au four

Menu 23

Dotée d'un goût à découvrir, la polenta est faite à partir de notre délicieux et nutritif épi de maïs qui a été séché et broyé en semoule pour nous permettre de le consommer tout au long de l'année. Il est préférable d'acheter une semoule de maïs entière et biologique que l'on trouve facilement dans les magasins de produits naturels. Le maïs contient des protéines et est un féculent riche en magnésium et en lipides.

Collation

Raisins secs et banane

Repas

Trempette au fenouil
Polenta
Betteraves et citron
Biscuits au caroube (facultatif)
N.B. Quand cela est possible, il est préférable de chauffer la polenta et les betteraves au micro-ondes, mais elles se mangent aussi froides.

Breuvage

Tisane, eau ou lait de soja ou de riz

Les à-côtés

Petit contenant ou sac à sandwich refermable pour les raisins secs
Contenants hermétiques pour la trempette, la polenta et les betteraves
Pellicule d'emballage transparente pour les biscuits au caroube
Fourchette

Trempette au fenouil

Y goûter, c'est l'adopter !

225 g (8 oz) de tofu mou (1/2 bloc)
30 ml (2 c. à s.) d'huile de tournesol
30 ml (2 c. à s.) de mayonnaise maison ou naturelle
125 ml (1/2 t.) d'eau
le jus d'un citron ou plus
85 ml (1/3 t.) de fenouil frais haché
30 ml (2 c. à s.) de ciboulette fraîche ciselée (facultatif)
30 ml (2 c. à s.) d'oignon séché
sel de mer et poivre de Cayenne au goût

4 Portions
Préparation : 5 minutes

∽ Émietter le tofu, le déposer dans le mélangeur. Ajouter l'huile, la mayonnaise, l'eau et le jus de citron. Bien brasser pour obtenir une consistance crémeuse. Ajouter le reste des ingrédients, bien mélanger.

∽ Si le mélange est trop épais, ajouter de l'eau, du jus de citron ou de la mayonnaise.

Le choix des légumes est une question de goût. Les rondelles d'oignon espagnol ainsi que les lamelles de chou rouge sont délicieuses avec cette trempette.

Polenta

Faite de semoule de maïs

750 ml (3 t.) d'eau
15 ml (1 c. à s.) d'huile d'olive ou de tournesol
1 cube de soja ou 5 ml (1 c. à thé) de concentré de légumes
15 ml (1 c. à s.) de sauce tamari
65 ml (1/4 t.) de légumes séchés
15 ml (1 c. à s.) d'oignon séché
un soupçon de poivre de Cayenne
250 ml (1 t.) de semoule de maïs
lait de soja
chapelure de pain de blé entier
poivre de Cayenne, basilic et origan au goût

30 bouchées
Préparation : 5 minutes
Cuisson : 10 minutes

- ☞ Porter l'eau à ébullition et ajouter l'huile, le cube de soja (ou le concentré de légumes), la sauce tamari, les légumes séchés, l'oignon séché et le poivre de Cayenne. Verser en pluie la semoule de maïs et brasser à l'aide d'un fouet. Laisser mijoter à feu doux environ 10 minutes en brassant avec une cuillère de bois.
- ☞ Verser dans un moule de 20 cm x 20 cm (8 po x 8 po) et laisser refroidir 2 heures.
- ☞ Couper en petits cubes et les tremper dans le lait de soja puis les rouler dans la chapelure de pain rehaussée des assaisonnements.
- ☞ Dorer les cubes dans un poêlon huilé.
- ☞ Servir avec une salade et des légumes cuits à la vapeur.

Doux pour le palais, ce mets est un excellent plat alcalin assurant notre mieux-être. Les cubes de polenta remplacent avantageusement la pomme de terre cuite au four. La polenta est excellente aussi pour épaissir les sauces, les soupes ou les potages.

Betteraves et citron

Couleur alléchante, goût savoureux

4 betteraves moyennes
250 ml (1 t.) d'eau
le jus d'un citron pressé
15 ml (1 c. à s.) d'huile de carthame
5 ml (1 c. à thé) de clou de girofle
sel de mer au goût

6 Portions
Préparation : 5 minutes
Cuisson : 15 minutes

↪ Peler et couper en tranches les betteraves. Les cuire dans l'eau environ 15 minutes : elles doivent rester légèrement croquantes.

↪ Ajouter à la fin le jus de citron et les autres ingrédients.

À goûter absolument !

La betterave constitue un succulent plat d'accompagnement. Elle est une source de bienfaits pour la santé. Reconnue pour sa richesse en fer, elle assure un bon fonctionnement de la vésicule biliaire et du foie. On ne doit pas hésiter à s'en servir fréquemment dans les jus à l'extracteur ou à la râper pour les salades.

Biscuits au caroube

Surprenants, un goût chocolaté

65 ml (1/4 t.) d'huile de tournesol
65 ml (1/4 t.) de miel
30 ml (2 c. à s.) de vinaigre de cidre de pomme
5 ml (1 c. à thé) de vanille
125 ml (1/2 t.) de concentré congelé de jus de pomme
500 ml (2 t.) de farine de blé à pâtisserie
85 ml (1/3 t.) de poudre de caroube
85 ml (1/3 t.) de brisures de caroube non sucrée
5 ml (1 c. à thé) de bicarbonate de soude (soda à pâte)

15 biscuits
Préparation : 5 minutes
Cuisson : 20 minutes

↩ Mélanger tous les ingrédients liquides ensemble.

↩ Ajouter ensuite le reste des ingrédients et brasser légèrement à la cuillère de bois. Déposer par cuillerée sur une tôle à biscuits huilée. Cuire à 170 °C (325 °F) environ 20 minutes.

Simples et agréables à cuisiner, ces biscuits se congèlent facilement. Leur goût exquis se rapproche de celui du chocolat.

La fève de soja

La reine des légumineuses

Menu 24

La plus nutritive de toutes les fèves, la fève de soja offre un ensemble complet de protéines de grandes qualités et d'acides aminés. Cuite, elle accompagne bien les légumes verts. Comme elle est digérée par les enzymes une bonne mastication est essentielle. Elle est riche en calcium et en fer, et contient de la vitamine B, des fibres et des lipides.

Collation

Bleuets ou melon

Repas

Salade frisée et vinaigrette rosée
Soja-pâté
Pain pita, biscottes ou pain de blé entier
Luzerne

VOIR PHOTO PAGE 98

Breuvage

Tisane, eau ou jus de fruits non sucré

Les à-côtés

Contenant hermétique pour les bleuets ou le melon
Contenants hermétiques pour la salade et la sauce rosée
Contenant hermétique pour le « tartinage » de soja (soja-pâté)
Pellicule d'emballage transparente pour le pain et la luzerne
Fourchette et couteau

Salade frisée

La fraîcheur du jardin

1 laitue frisée déchiquetée
1/2 concombre coupé en cubes
6 radis coupés en rondelles
125 ml (1/2 t.) de persil haché
2 grosses tomates coupées en cubes
1 échalote hachée (ou ciboulette ciselée)

2 à 4 Portions
Préparation : 5 minutes

↬ Mélanger le tout dans un saladier et arroser de vinaigrette rosée.

Vinaigrette rosée

Relève délicieusement les salades

125 ml (1/2 t.) d'eau
65 ml (1/4 t.) de mayonnaise maison ou naturelle
65 ml (1/4 t.) de sauce tomate (sans sucre)
30 ml (2 c. à s.) de persil frais
1/4 de poivron rouge
1 rondelle d'oignon espagnol
30 ml (2 c. à s.) d'huile de carthame
le jus d'un citron pressé
5 ml (1 c. à thé) de basilic
sel de mer et poivre de Cayenne au goût

6 Portions
Préparation : 5 minutes

↷ Mettre tous les ingrédients dans le mélangeur et bien brasser.

Se conserve une semaine au réfrigérateur.

Un véritable délice contenant très peu de matière grasse.

Soja-pâté

Substitut au pain de viande

250 ml (1 t.) de fèves de soja
750 ml (3 t.) d'eau
500 ml (2 t.) de tomates en conserve (sans sucre)
65 ml (1/4 t.) de sauce tamari
60 ml (4 c. à s.) d'huile de soja ou de tournesol
30 ml (2 c. à s.) de beurre d'arachide naturel
1 oignon haché
1/2 branche de céleri hachée
250 ml (1 t.) de chapelure de pain de blé entier
85 ml (1/3 t.) de persil haché
5 ml (1 c. à thé) de basilic
5 ml (1 c. à thé) d'origan
sel de mer et poivre de Cayenne au goût

6 à 8 Portions
Préparation : 10 minutes
Cuisson : 40 minutes

↜ Laver et faire tremper les fèves de soja dans 750 ml (3 t.) d'eau pendant 15 heures. Jeter l'eau de trempage et passer au mélangeur les fèves avec les tomates. Mélanger tous les ingrédients puis verser dans un moule huilé de 20 cm x 30 cm (8 po x 11 po) et cuire à 180 °C (350 °F) environ 40 minutes.

Excellente source de protéines complètes, le soja-pâté se mange chaud ou froid accompagné d'une salade verte. On peut aussi en faire de délicieux rouleaux : tartiner du soja-pâté sur un pain azyme, ajouter de la laitue en feuille et rouler. Délectable !

Les lentilles

La légumineuse la plus riche en fer

Menu 25

Les lentilles aident à prévenir les maladies cardiovasculaires et abaissent le taux de mauvais cholestérol. Faciles à digérer, elles sont une des premières légumineuses à introduire dans l'alimentation des enfants ou des personnes n'ayant pas l'habitude d'en consommer. Il est recommandé de les consommer avec des céréales, des graines ou des noix pour obtenir un apport de meilleure qualité en protéines et en acides aminés.

Collation

Gourmandises au millet soufflé

Repas

Céleri, carottes, olives noires
Soupe-repas aux lentilles
Petit pain de blé entier ou maïs soufflé naturel

VOIR PHOTO PAGE 100

Breuvage

Tisane, eau ou jus de fruits non sucré

Les à-côtés

Pellicule d'emballage transparente pour les gourmandises au millet
Sac à sandwich refermable pour les légumes et les olives
Thermos pour la soupe-repas
Pellicule d'emballage transparente ou sac à sandwich refermable pour le pain ou le maïs soufflé naturel
Cuillère à soupe

Gourmandises au millet soufflé

Une succulente collation

125 ml (1/2 t.) de beurre d'arachide crémeux
85 ml (1/3 t.) de beurre de pomme
85 ml (1/3 t.) de miel
125 ml (1/2 t.) de poudre de lait
65 ml (1/4 t.) de graines de tournesol ou de brisures de caroube
690 ml (2 3/4 t.) de millet soufflé

16 carrés
Préparation : 5 minutes

↫ Mélanger tous les ingrédients.

↫ Huiler un moule de 20 cm x 20 cm (8 po x 8 po) et y étendre la préparation. Bien presser et réfrigérer.

↫ Couper en carrés au moment de servir.

Se congèlent facilement.

Ce sont de délicieuses gourmandises.

Soupe-repas aux lentilles

Nutritive, consistante, digestible et délectable

250 ml (1 t.) de lentilles vertes ou brunes
65 ml (1/4 t.) de riz brun
1 l (4 t.) d'eau
1 cube de soja ou 5 ml (1 c. à thé) de concentré de légumes
65 ml (1/4 t.) de légumes séchés
1 morceau d'algue Kombu
1 branche de céleri
2 carottes
1 pomme de terre moyenne
1 oignon
250 ml (1 t.) de navet
2 gousses d'ail
250 ml (1 t.) de maïs congelé ou frais
1,25 l (5 t.) d'eau
5 ml (1 c. à thé) de concentré de légumes
2 feuilles de laurier
65 ml (1/4 t.) de sauce tamari
2 grosses tomates fraîches
15 ml (1 c. à s.) de miso
45 ml (3 c. à s.) d'huile de tournesol
poivre de Cayenne, origan, thym ou sarriette au goût

6 à 8 Portions
Préparation : 10 minutes
Cuisson : 30 minutes

- ☞ Cuire les lentilles et le riz dans 1 litre (4 t.) d'eau avec le cube de soja (ou le concentré de légumes), les légumes séchés et l'algue Kombu durant environ 20 minutes dans un chaudron à demi couvert (il reste très peu d'eau après la cuisson).
- ☞ Couper finement les légumes, les ajouter à la première préparation avec 1,25 litre (5 t.) d'eau, le concentré de légumes et les feuilles de laurier, et cuire environ 10 minutes.
- ☞ Ajouter le reste des ingrédients.

Cette soupe est un délice.

La figue

Menu 26

La figue, fruit savoureux et générateur d'énergie, provient d'un arbre méditerranéen aux feuilles arrondies et saillantes. Elle est un cholagogue naturel, favorisant une excellente évacuation de la bile. Riche en magnésium et potassium, ce fruit très sucré apporte un regain de vitalité. Son apport important en fibres favorise une bonne élimination.

Collation

Biscuits aux figues

Repas

Salade arc-en-ciel et tofu
Velouté de poires, pommes et pêches

Breuvage

Tisane, eau ou jus de fruits non sucré

Les à-côtés

Sac à sandwich refermable pour les biscuits
Contenant hermétique pour la salade
Contenant hermétique pour le velouté
Fourchette et cuillère

Biscuits aux figues

Pour le plein d'énergie

250 ml (1 t.) de figues hachées
250 ml (1 t.) de jus de pomme non sucré
5 ml (1 c. à thé) de vanille
65 ml (1/4 t.) d'huile de tournesol
125 ml (1/2 t.) de noix de Grenoble hachées
375 ml (1 1/2 t.) de flocons d'avoine
375 ml (1 1/2 t.) de farine de blé à pâtisserie
2 ml (1/2 c. à thé) bicarbonate de soude (soda à pâte)
5 ml (1 c. à thé) coriandre

16 biscuits
Préparation : 15 minutes
Cuisson : 32 minutes

↶ Cuire les figues dans 250 ml (1 t.) d'eau environ 7 minutes. Laisser refroidir.

↶ Ajouter tous les ingrédients, mélanger puis déposer à la petite cuillère sur une plaque à biscuits huilée.

↶ Cuire au four à 170 °C (325 °F) environ 25 minutes.

Ils sont excellents pour calmer une « rage » de sucre. Outre leur goût tout simplement délicieux, les biscuits aux figues contiennent de nombreuses valeurs nutritives.

Salade arc-en-ciel et tofu

Un véritable régal

Partie 1

450 g (16 oz) de tofu (1 bloc)

30 ml (2 c. à s.) d'oignon séché

30 ml (2 c. à s.) d'huile de carthame

30 ml (2 c. à s.) de sauce tamari, ou plus

poivre de Cayenne au goût

Partie 2

1 laitue romaine ou frisée

2 courgettes (zucchinis) coupées en rondelles

2 petites betteraves râpées

2 carottes râpées

500 ml (2 t.) de chou rouge râpé

85 ml (1/3 t.) d'oignon espagnol haché

10 olives noires dénoyautées et coupées en morceaux

45 ml (3 c. à s.) d'huile d'olive

le jus d'un citron pressé

sel de mer, poivre de Cayenne et basilic

4 personnes
Préparation : 5 minutes
Cuisson : 5 minutes

Partie 1
Couper le tofu en cubes, les mettre dans une poêle sans gras avec l'oignon séché.
Faire dorer, fermer le feu et ajouter l'huile de carthame, la sauce tamari et le poivre de Cayenne.
Partie 2
Déchiqueter la laitue, la déposer dans un saladier avec les autres ingrédients, sauf les betteraves. Bien mélanger.
Ajouter les cubes de tofu grillés et coiffer de betteraves râpées.

Velouté de poires, pommes et pêches

Léger et savoureux

2 poires
4 pommes
4 pêches
175 ml (2/3 t.) de jus de pomme non sucré

3 Portions
Préparation : 10 minutes
Cuisson : 5 à 8 minutes

↬ Peler et couper les fruits. Ajouter le jus de pomme. Cuire à feu moyen jusqu'à l'obtention d'une purée. Bien brasser ou passer au mélangeur.

Ce velouté peut être servi nature, chaud ou froid, comme dessert léger après un repas, ou sur du pain rôti avec du beurre d'amande ou d'arachide. Il accompagne agréablement les muffins, les crêpes, le pain doré et les gaufres.

La luzerne

Sur le plan nutritionnel, les germes sont remarquables

Menu 27

Le germe, c'est la vie à son meilleur. Les germinations augmentent la valeur nutritive des aliments et favorisent la digestion. Elles contribuent à la fabrication ainsi qu'à la multiplication des vitamines et rendent plus facilement assimilables les minéraux.

Les germinations sont économiques (1 c. à thé) de luzerne produit 250 g (1 t.) de luzerne germée. Elles constituent une excellente source de chlorophylle, combattent le vieillissement et ont des vertus anticancérigènes.

Collation

Fraises

Repas

Tomates cerises et luzerne
Salade de pommes de terre, betteraves et maïs
Gâteau Lucas et glaçage

Breuvage

Tisane, eau ou jus de fruits non sucré

Les à-côtés

Quatre contenants hermétiques de différents formats
Fourchette et cuillère

Salade de pommes de terre, betteraves et maïs

Hautement colorée et riche en saveurs

laitue en feuilles
4 grosses pommes de terre pelées
2 betteraves moyennes pelées
500 ml (2 t.) de maïs cuit frais ou congelé
2 échalotes émincées
1 branche de céleri hachée
1 bouquet de persil haché
1/2 poivron vert haché
65 ml (1/4 t.) de graines de tournesol
45 ml (3 c. à s.) d'huile de tournesol
45 ml (3 c. à s.) de mayonnaise naturelle
4 feuilles de menthe fraîche hachées (facultatif)
le jus d'un demi-citron frais
sel de mer et poivre de Cayenne

4 Portions
Préparation : 15 minutes
Cuisson : 15 minutes

- ✎ Cuire séparément les pommes de terre et les betteraves. Laisser refroidir puis couper en morceaux. Mettre les pommes de terre dans un saladier et mélanger avec tous les autres légumes. Ajouter les graines de tournesol et les assaisonnements.

- ✎ Compléter en ajoutant et en mélangeant délicatement les betteraves.

- ✎ Servir sur des feuilles de laitue.

La menthe est douce et calmante ; ajoutée à la salade,
elle favorise la digestion.

Exquise et nutritive, cette salade se sert en toute occasion.

Gâteau Lucas

En l'honneur de la naissance de mon amour de petit-fils, Lucas

85 ml (1/3 t.) de jus de citron
5 ml (1 c. à thé) de tapioca moulu
30 ml (2 c. à s.) de zeste de citron
335 ml (1 1/3 t.) de raisins secs dorés
250 ml (1 t.) d'eau
30 ml (2 c. à s.) de concentré congelé de jus d'ananas
65 ml (1/4 t.) d'huile de tournesol
5 ml (1 c. à thé) d'essence d'amande ou de vanille
30 ml (2 c. à s.) de graines de pavot
565 ml (2 1/4 t.) de farine de blé à pâtisserie
10 ml (2 c. à thé) de levure (poudre à pâte)
2 ml (1/2 c. à thé) de bicarbonate de soude (soda à pâte)

8 Portions
Préparation : 15 minutes
Cuisson : 50 minutes

- Chauffer le jus de citron et le tapioca moulu jusqu'à ébullition, laisser refroidir, ajouter le zeste de citron.
- Cuire les raisins secs dorés dans 250 ml (1 t.) d'eau environ 10 minutes. Laisser refroidir et passer au mélangeur.
- Mêler les deux préparations.
- Ajouter le concentré congelé de jus d'ananas, l'huile et l'essence d'amande, puis les graines de pavot.
- Brasser puis ajouter la farine de blé à pâtisserie, la levure (poudre à pâte) et le bicarbonate de soude (soda à pâte). Mélanger légèrement à la cuillère.
- Verser dans un moule à gâteau huilé de 20 cm x 20 cm (8 po x 8 po). Cuire au four à 180 °C (350 °F) environ 35 minutes.

La fraîcheur du citron... tout en douceur.

Glaçage au citron et à l'ananas

Un heureux mélange de citron et d'ananas

Pour un gâteau de 20 cm x 20 cm (8 po x 8 po)

85 ml (1/3 t.) de raisins secs dorés
85 ml (1/3 t.) de concentré congelé de jus d'ananas
65 ml (1/4 t.) de jus de citron frais pressé
85 ml (1/3 t.) d'eau
45 ml (3 c. à s.) de tapioca moulu
85 ml (1/3 t.) de noix de coco

375 ml (1 1/2 t.)
Préparation : 10 minutes
Cuisson : 5 minutes

- ❧ Cuire tous les ingrédients ensemble. Porter à ébullition puis réduire à feu doux jusqu'à épaississement (de 2 à 3 minutes).

- ❧ Fermer le feu et laisser refroidir.

- ❧ Passer au mélangeur puis verser sur le gâteau et décorer avec des tranches de lime.

Le boulghour

Une excellente source de fer

Menu 28

Le boulghour est fait à partir de blé dur semi-cuit, séché et broyé. Il est le principal ingrédient du taboulé.

Riche en potassium, il est une excellente source de fer. Associée aux fèves (légumineuses) ou aux noix, cette céréale de blé offre des protéines complètes de bonne qualité.

Collation

Jus à l'extracteur : céleri, concombre, courgette (zucchini), persil

Repas

Taboulé au pesto
Biscuits aux amandes

Breuvage

Tisane, eau ou jus de fruits non sucré

Les à-côtés

Thermos pour le jus
Contenant hermétique pour le taboulé
Sac à sandwich refermable pour les biscuits
Fourchette

Jus à l'extracteur

Frais et bienfaisant

1 branche de céleri
1/2 concombre anglais
1 courgette (zucchini)
1 poignée de persil
le jus d'un demi-citron pressé (facultatif)

Environ 180 ml (6 oz)
Préparation : 5 minutes

↪ Bien nettoyer les légumes et les passer à l'extracteur. Ajouter le jus de citron si vous ne consommez pas immédiatement le jus à l'extracteur.

Le jus de citron empêche l'oxydation.

Ce jus à l'extracteur désintoxique et renforcit le système immunitaire.

Taboulé au pesto

Chouettement bon !

500 ml (2 t.) de blé boulghour
500 ml (2 t.) d'eau
3 tomates
1/2 oignon espagnol
le jus d'un citron pressé
65 ml (1/4 t.) d'huile d'olive
15 ml (1 c. à s.) de basilic frais ou séché
1 grosse poignée de persil haché
85 ml (1/3 t.) de noix de pin
2 gousses d'ail pressées
sel de mer et poivre de Cayenne au goût

3 à 4 Portions
Préparation : 10 minutes
Cuisson : 30 minutes

- Rincer abondamment le blé boulghour à l'eau claire.

- Dans un chaudron, amener l'eau à ébullition. Retirer du feu et y verser le blé boulghour. Laisser gonfler 30 minutes en brassant de temps en temps.

- Couper les tomates et hacher finement les autres légumes. Mélanger le tout et servir sur un lit de laitue Boston ou autre.

Un festin de roi, en toute simplicité...

Variante : remplacer les noix de pin par des pois chiches ou des lentilles cuites ou germées.

Biscuits aux amandes

Un délice-santé sans sucre

85 ml (1/3 t.) d'abricots séchés
190 ml (3/4 t.) de dattes dénoyautées
125 ml (1/2 t.) d'amandes moulues (au moulin à café ou au robot)
65 ml (1/4 t.) d'huile de tournesol
250 ml (1 t.) de bananes écrasées à la fourchette
5 ml (1 c. à thé) d'essence de vanille
65 ml (1/4 t.) de beurre de pomme
500 ml (2 t.) de flocons d'avoine

18 biscuits
Préparation : 40 minutes
Cuisson : 20 minutes

- Hacher finement les abricots et les dattes dénoyautées.

- Mettre dans un grand bol et ajouter tous les autres ingrédients.

- Brasser légèrement, laisser reposer 30 minutes.

- Déposer par cuillerée sur une tôle à biscuits huilée. Cuire au four à 180 ºC (350 ºF) environ 20 à 25 minutes.

Difficile de résister à ces biscuits très nutritifs.

Les courges

L'automne en fête avec les courges

Menu 29

Les espèces sont nombreuses, leur goût, varié. Elles sont succulentes et possèdent de douces propriétés laxatives et diurétiques. Très alcalines, elles conviennent bien aux estomacs sensibles et aux intestins irrités. Les courges contiennent du calcium, des fibres, du fer et des éléments du complexe B. Elles cuisent rapidement ; quelques minutes à la vapeur suffisent.

Collation

Pastèque rose ou melon

Repas

Salade à la courge
Pain de seigle ou biscottes
Gelée de pomme et raisins (facultatif)

Breuvage

Tisane, eau ou lait de soja

Les à-côtés

Contenant hermétique pour la pastèque ou le melon
Contenant hermétique pour la salade
Pellicule d'emballage transparente pour le pain de seigle ou la biscotte
Petit thermos pour la gelée de pomme et raisins
Fourchette et cuillère

Salade à la courge

À la découverte d'un vrai trésor pour la santé

1 petite courge Butternut
2 courgettes (zucchinis)
1 poivron orange ou vert
2 oignons
2 branches de céleri
2 gousses d'ail
250 ml (1 t.) de pois verts frais ou congelés
45 ml (3 c. à s.) d'huile d'olive
30 ml (2 c. à s.) de sauce tamari
2 tomates coupées en cubes
1 bouquet de persil haché
origan, basilic et poivre de Cayenne

3 Portions
Préparation : 15 minutes
Cuisson : 2 minutes

↪ Peler la courge Butternut. Couper en petits morceaux la courge, les courgettes (zucchinis), le poivron orange ou vert, les oignons, le céleri et l'ail.

↪ Blanchir les légumes puis les égoutter.

↪ Laisser refroidir et ajouter le reste des ingrédients.

Cette salade est très digestible. Elle convient bien aux personnes qui ne digèrent pas les crudités.

Gelée de pomme et raisins

Mon « Jell-o » naturel

500 ml (2 t.) de jus de pomme et raisin non sucré
30 ml (2 c. à s.) de concentré de jus de pomme congelé
45 ml (3 c. à s.) de tapioca moulu
15 ml (1 c. à s.) d'agar-agar
250 ml (1 t.) de raisins frais sans pépins coupés en deux

2 Portions
Préparation : 5 minutes
Cuisson : 5 minutes

⟜ Déposer tous les ingrédients dans un chaudron à l'exception des raisins. Amener à ébullition, diminuer le feu et laisser mijoter quelques minutes.

⟜ Retirer du feu, laisser refroidir un peu et ajouter les raisins coupés.

Léger et rafraîchissant.

On peut remplacer les raisins par des cubes de pommes ou encore jumeler les deux.

La noix de pin

Très aromatique

Menu 30

Connue aussi sous le nom de pignon. Cette graine pousse au Mexique et en Italie. Elle est riche en protéines et en minéraux. De texture douce et crémeuse, elle possède un goût très particulier.

Collation

Abricots frais

Repas

Salade chinoise
Bâtonnets de sésame ou croûtons de pain de blé entier

N.B. Pour la recette de croûtons de pain, voir page 65.

Breuvage

Tisane, eau ou lait de riz

Les à-côtés

Sac à sandwich refermable pour les abricots
Contenant hermétique pour la salade
Petit contenant ou sac à sandwich refermable pour les bâtonnets de sésame ou les croûtons de pain de blé entier
Fourchette

Salade chinoise

Elle fait fureur

500 ml (2 t.) de millet ou de riz cuit
1 sac d'épinards déchiquetés
750 ml (3 t.) de fèves germées
250 ml (1 t.) de champignons tranchés
2 échalotes émincées
1 branche de céleri hachée
1 poivron vert ou rouge haché
persil haché au goût
175 ml (2/3 t.) de noix de pin ou d'acajou

4 à 5 Portions
Préparation : 10 minutes

⇔ Déposer tous les ingrédients dans un saladier et mélanger.

⇔ Ajouter la sauce au moment de servir.

Cette délicieuse salade est très nourrissante.
Elle constitue un repas sain et équilibré.

Sauce au tamari et à l'ail

Un bon goût corsé

125 ml (1/2 t.) d'huile de tournesol ou de carthame
65 ml (1/4 t.) de sauce tamari
3 gousses d'ail pressées
poivre de Cayenne au goût

4 à 5 Portions
Préparation : 5 minutes

↪ Bien mélanger tous les ingrédients

Cette sauce est meilleure lorsqu'on la prépare
une journée à l'avance.

Elle se conserve facilement trois semaines au réfrigérateur.

Les pâtes alimentaires

Tous en raffolent

Menu 31

Il en existe une grande variété : les pâtes biologiques de blé entier, les pâtes parfumées aux épinards ou à la tomate, les pâtes aux oeufs, les pâtes de maïs, les pâtes de sarrasin, etc. Les personnes allergiques au blé y trouvent leur compte. Il est recommandé de varier son choix de pâtes.

Collation

Grappe de raisins

Repas

Macaroni chinois
Galettes de riz
Passion aux trois fruits

Breuvage

Tisane, eau ou lait de soja ou de riz

Les à-côtés

Sac à sandwich refermable pour la grappe de raisins
Contenant hermétique pour le macaroni chinois
Pellicule d'emballage transparente pour les galettes
Contenant hermétique pour la passion aux trois fruits
Fourchette et cuillère
Sac réfrigérant (ice pack)

Macaroni chinois

Tout à fait délectable

500 ml (2 t.) de macaroni
500 ml (2 t.) de seitan ou de tofu coupé en petits cubes
500 ml (2 t.) de champignons
250 ml (1 t.) de pois mange-tout
1 oignon
1 poivron vert
1 courgette (zucchini)
45 ml (3 c. à s.) d'huile de carthame ou d'olive
45 ml (3 c. à s.) de sauce tamari ou Bragg
poivre de Cayenne et basilic au goût

3 à 4 Portions
Préparation : 10 minutes
Cuisson : 20 minutes

- Cuire le macaroni dans l'eau environ 10 minutes, rincer à l'eau froide et égoutter.

- Dans un poêlon sans gras, chauffer le seitan ou dorer le tofu. Après la cuisson, ajouter 15 ml (1 c. à s.) de sauce tamari ou Bragg et mettre de côté.

- Hacher finement tous les légumes et cuire environ 5 minutes à feu doux avec l'huile de carthame.

- Incorporer le macaroni, ajouter le seitan ou le tofu grillé, la sauce tamari ou Bragg, le poivre de Cayenne et le basilic.

- Servir avec des choux de Bruxelles ou des haricots.

Passion aux trois fruits

Un goût exquis

4 pommes jaunes dorées ou rouges
6 abricots frais ou séchés finement hachés
125 ml (1/2 t.) de jus de pomme non sucré
500 ml (2 t.) de framboises fraîches ou congelées

2 à 3 Portions
Préparation : 10 minutes
Cuisson : 10 minutes

    Peler et couper les pommes en petits cubes. Déposer dans une casserole avec les abricots hachés et le jus de pomme. Porter à ébullition, réduire à feu moyen et cuire de 8 à 10 minutes.

    Ajouter les framboises et remuer délicatement pour les garder intactes. Réchauffer légèrement puis fermer le feu.

Servi chaud ou froid, ce dessert accompagne délicieusement les gâteaux ou les biscuits ou encore les macarons aux canneberges ou aux framboises.

L'aubergine

Exquise grillée, farcie ou en potage

Menu 32

Ce fruit oblong, violacé est consommé comme légume. L'aubergine est une bonne source de calcium, de fer et de potassium. Elle est légèrement laxative et très douce pour les estomacs irrités.

Collation

Tomates cerises, brocoli, olives noires

Repas

Potage à l'aubergine
Pain croûté ou maïs soufflé
Bouquets d'amandes

Breuvage

Tisane, eau ou lait de riz ou de soja

Les à-côtés

Contenant hermétique pour les tomates cerises, le brocoli et les olives noires
Thermos pour le potage à l'aubergine
Pellicule d'emballage transparente pour le pain de blé entier et les bouquets d'amandes
Cuillère à soupe

Potage à l'aubergine

Une bonne façon d'apprêter l'aubergine

1 aubergine
2 oignons
1 courgette (zucchini)
1 poivron rouge
1 pomme de terre
30 ml (2 c. à s.) de légumes séchés
5 ml (1 c. à thé) de concentré de légumes
375 ml (1 1/2 t.) d'eau
3 tomates rouges
250 ml (1 t.) de lait de soja
30 ml (2 c. à s.) d'huile de tournesol
5 ml (1 c. à thé) de basilic
5 ml (1 c. à thé) d'origan
sel de mer et poivre de Cayenne au goût

3 à 4 Portions
Préparation : 15 minutes
Cuisson : 15 minutes

- Peler l'aubergine, la couper en cubes ainsi que tous les autres légumes.

- Cuire les oignons, la courgette (zucchini), le poivron rouge, la pomme de terre, les légumes séchés et le concentré de légumes dans 375 ml (1 1/2 t.) d'eau, environ 15 minutes.

- Mettre dans le mélangeur et ajouter le reste des ingrédients. Bien mélanger.

- Pour étoffer ce potage en protéines, ajoutez-y des cubes de tofu braisés au tamari, du fromage ou des noix.

Bouquets d'amandes

Irrésistible

30 ml (2 c. à s.) d'huile de tournesol
250 ml (1 t.) de brisures de caroube non sucrée
65 ml (1/4 t.) de beurre d'amande
65 ml (1/4 t.) d'amandes concassées (au moulin à café)
315 ml (1 1/4 t.) de céréales de riz brun croustillant (Rice Krispies)
5 ml (1 c. à thé) vanille

12 bouquets
Préparation : 5 minutes
Cuisson : 3 minutes

↬ Chauffer à feu très doux l'huile, les brisures de caroube et le beurre d'amande.

↬ Retirer du feu et mélanger avec les autres ingrédients.

↬ Déposer ensuite par cuillerée sur une tôle non huilée.

↬ Réfrigérer.

Se conserve plusieurs semaines au réfrigérateur. Se congèle aussi.

Excellent goûter en tout temps.

Le bleuet

Ce petit fruit de chez nous est irrésistible

Menu 33

Le bleuet possède de nombreuses valeurs thérapeutiques. On peut le consommer à titre préventif, car il est un un antibiotique naturel. Il contient une bonne quantité de vitamine A et est excellent pour les intestins.

Collation

Jus de poivron rouge, carotte et céleri

Repas

Salade aux trois couleurs
Sauce tahini
Macarons aux canneberges

Breuvage

Tisane, eau ou jus de fruits non sucré

Les à-côtés

Thermos pour le jus
Contenant hermétique pour la salade
Petit contenant pour la sauce
Pellicule d'emballage transparente pour les macarons
Fourchette

Jus de poivron rouge, carotte et céleri

Un bon supplément naturel

1 poivron rouge
1 branche de céleri
3 carottes
250 ml (1 t.) de luzerne

175 à 250 ml (6 à 8 oz)
Préparation : 5 minutes

↪ Passer le tout à l'extracteur.

↪ À boire immédiatement. Si vous l'apportez dans un thermos, ajoutez-y le contenu d'une gélule de vitamine C pour empêcher l'oxydation.

Prendre un jus à l'extracteur par jour est un moyen de renforcer le système immunitaire et de conserver une bonne santé.

Excellent tonique, il désintoxique l'organisme et aide au fonctionnement du foie, des poumons, des reins et de la vessie. Ce jus m'a aidée dans ma guérison de l'arthrite.

Salade aux trois couleurs

Un régal pour les yeux et le palais

4 carottes
2 betteraves
500 ml (2 t.) de navet
1 endive
feuilles d'épinard

2 Portions
Préparation : 10 minutes

↪ Râper les carottes, les betteraves et le navet. Détacher les feuilles d'endive à la main.

↪ Disposer sur un plat de service les épinards et les feuilles d'endives.

↪ Déposer les légumes râpées en alternant les couleurs.

↪ Arroser de sauce à salade au tahini.

Le sommet de la fraîcheur automnale.

Sauce au tahini

Un goût à découvrir et à apprécier

125 ml (1/2 t.) de tahini (beurre de sésame)
125 ml (1/2 t.) d'eau
65 ml (1/4 t.) de sauce tamari
15 ml (1 c. à s.) de gingembre frais râpé
2 gousses d'ail
poivre de Cayenne au goût

315 ml (10 oz)
Préparation : 5 minutes

▹ Mettre tous les ingrédients dans le mélangeur. Brasser et réfrigérer.

Se conserve trois semaines.

Macarons aux canneberges

Toutes les bonnes vertus de la canneberge

85 ml (1/3 t.) d'huile de tournesol
85 ml (1/3 t.) de sucre brut
125 ml (1/2 t.) de jus de pomme non sucré
5 ml (1 c. à thé) de vanille
500 ml (2 t.) de noix de coco non sucrée
250 ml (1 t.) de farine de blé à pâtisserie
5 ml (1 c. à thé) de levure (poudre à pâte)
250 ml (1 t.) de canneberges fraîches ou congelées

16 macarons
Préparation : 5 minutes
Cuisson : 20 minutes

- ✎ Mélanger ensemble l'huile, le sucre brut, le jus de pomme et la vanille. Ajouter la noix de coco, la farine et la levure (poudre à pâte). Mélanger à la fourchette puis ajouter les canneberges entières ou coupées en deux et remuer délicatement.

- ✎ Déposer par cuillerée sur une tôle à biscuits huilée.

- ✎ Cuire au four à 180 °C (350 °F) environ 20 à 25 minutes pour dorer.

Savoureux et délectables en toute occasion.

On peut remplacer les canneberges par des framboises.

La canneberge favorise le bon fonctionnement des reins et de la vessie.

Riz et pois chiches

Une combinaison qui regorge de protéines et de fibres

Menu 34

Le riz et les pois chiches combinés constituent un mets complet et équilibré. Ne contenant aucun gras saturé, ce mets remplace avantageusement la viande. Excellent pour la santé, il renferme des protéines, des fibres, des sels minéraux, du magnésium, du zinc, du potassium, du calcium et du fer.

Collation

Concombre, radis et céleri

Repas

Salade de riz et de pois chiches
Laitue et pois verts

Breuvage

Tisane, eau ou jus de fruits non sucré

Les à-côtés

Sac à sandwich refermable pour les concombres, radis et céleri
Contenant hermétique pour la salade
Fourchette

Salade de riz et de pois chiches

Pour les bonnes fourchettes

250 ml (1 t.) de riz brun
500 ml (2 t.) d'eau
250 ml (1 t.) de pois chiches
750 ml (3 t.) d'eau
2 poivrons rouges, oranges ou jaunes
3 tomates
1 branche de céleri
2 échalotes
1 courgette (zucchini)
30 ml (2 c. à s.) de sauce tamari
30 ml (2 c. à s.) d'huile de carthame
sel de mer, poivre de Cayenne et fines herbes au goût
jus de citron au goût (facultatif)

4 à 6 Portions
Préparation : 15 minutes
Cuisson : 90 minutes

- Cuire le riz brun et les pois chiches séparément. Il est préférable de faire tremper les pois chiches dans l'eau froide environ 10 heures avant la cuisson.

- Rincer le riz et les pois chiches à l'eau froide après la cuisson, bien égoutter.

- Couper les légumes en petits morceaux. Mélanger le tout dans un grand bol.

- Servir sur un lit de laitue et agrémenter de pois verts frais ou congelés (si congelés, les chauffer avant). Tout à fait délicieuse ! Pour un apport énergétique supplémentaire, remplacer le sel de mer par 5 ml (1 c. à thé) de prunes salées (vendues dans les magasins de produits naturels). Délayer les prunes salées dans un peu d'eau avant de les incorporer à la salade.

146

Les légumes du jardin

Le choix est considérable

Menu 35

Les légumes du jardin sont indispensables à notre santé car ils sont la base d'une saine alimentation. Chaque repas doit toujours être accompagné d'une généreuse portion de légumes. Qu'ils soient servis en salade, comme crudités ou cuits al dente, les légumes facilitent la digestion, favorisent une meilleure assimilation des éléments nutritifs et assurent une bonne élimination. Ils sont une source abondante de vitamines et minéraux.

Collation

Chou-fleur et pois mange-tout

Repas

Spirales aux légumes et graines de citrouille
Laitue et luzerne
Gelée de bleuets

Breuvage

Tisane, eau ou lait de riz ou de soja

Les à-côtés

Sac à sandwich refermable pour les légumes
Contenants hermétiques pour les spirales, la laitue et la luzerne
Petit contenant hermétique pour la gelée de bleuets
Fourchette et cuillère

Spirales aux légumes et graines de citrouille

Les pâtes et les légumes, un vrai festin

500 ml (2 t.) de spirales aux légumes
250 ml (1 t.) de pois verts frais ou congelés
250 ml (1 t.) de maïs frais ou congelé cuit
1 branche de céleri hachée
1 poivron rouge ou jaune coupé en cubes
2 échalotes émincées
65 ml (1/4 t.) de graines de citrouille
30 ml (2 c. à s.) d'huile de tournesol
15 ml (1 c. à s.) de basilic frais haché
persil au goût
sel de mer et poivre de Cayenne

3 à 4 Portions
Préparation : 15 minutes
Cuisson : 10 minutes

- ✃ Cuire les spirales aux légumes dans de l'eau durant environ 10 minutes. Rincer à l'eau froide et égoutter.

- ✃ Mettre dans un grand bol et mélanger avec tous les légumes, les graines de citrouille, l'huile et les assaisonnements.

- ✃ Servir sur un lit de laitue et décorer de luzerne.

Une salade délectable !

Les graines de citrouille sont reconnues pour contribuer au bon fonctionnement des reins et de la prostate. Elles jouent un rôle préventif contre les vers intestinaux.

Gelée de bleuets

On peut les accomoder de plusieurs façons

500 ml (2 t.) de bleuets frais ou congelés
125 ml (1/2 t.) de concentré de jus de pomme congelé non sucré
250 ml (1 t.) d'eau
65 ml (1/4 t.) de farine de marante
65 ml (1/4 t.) d'eau ou jus de pomme

3 Portions
Préparation : 5 minutes
Cuisson : 5 minutes

- ☞ Chauffer les bleuets, le concentré de jus de pomme congelé et 250 ml (1 t.) d'eau. Porter à ébullition.

- ☞ Mélanger ensemble la farine de marante et 65 ml (1/4 t.) d'eau ou de jus de pomme, puis incorporer au premier mélange en brassant jusqu'à épaississement.

- ☞ Éteindre le feu et laisser refroidir.

Cette gelée se mange seule ou accompagne les biscuits, les gâteaux, les muffins, les crêpes, les galettes de sarrasin, etc.

Burger-santé

Particulièrement savoureux

Menu 36

La combinaison de céréales (pain) et de fèves rouges (légumineuses) procure une bonne qualité de protéines. Cette association alimentaire remplace avantageusement le hamburger traditionnel sur le plan nutritif.

Collation

1 ou 2 pommes

Repas

Salade verte
Burger-santé
Tomate et luzerne

N.B. Pour la recette de la salade verte, voir à la page 40

Breuvage

Tisane, eau ou lait de riz ou de soja

Les à-côtés

Contenant hermétique pour la salade
Pellicule d'emballage transparente pour le burger-santé
Fourchette

Burger-santé

Tout un hamburger santé !

1 l (4 t.) de fèves rouges cuites
125 ml (1/2 t.) de lait de soja
85 ml (1/3 t.) de pâte de tomate
65 ml (1/4 t.) de graines de tournesol moulues
2 oignons finement hachés
30 ml (2 c. à s.) d'huile de tournesol
45 ml (3 c. à s.) de sauce tamari
3 gousses d'ail pressées
500 ml (2 t.) de chapelure de pain de blé entier, ou de flocons d'avoine, ou de millet cuit
basilic, thym, sel de mer et poivre de Cayenne au goût

14 croquettes
Préparation : 15 minutes
Cuisson : 20 minutes

- Passer les fèves rouges au robot ou les écraser à la fourchette.

- Ajouter le reste des ingrédients, bien mélanger.

- Former des croquettes et les recouvrir de chapelure.

- Cuire à la poêle dans un peu d'huile, 5 minutes de chaque côté, ou au four, sur une plaque huilée, à 180 ℃ (350 ℉) environ 20 minutes.

- Garnir les hamburgers de tranches de tomates et de luzerne.

Le maïs

Sucré et nutritif

Menu 37

Une richesse de chez nous, c'est un aliment sucré et nutritif qui offre l'avantage de se congeler facilement. Il contient du magnésium et des lipides (hydrates de carbone). Frais, en saison, le maïs renferme un sucre naturel et est très énergétique. Il se présente sous diverses formes : semoule, farine, fécule, pop-corn. La semoule de maïs permet, tout au long de l'année, de cuisiner de savoureuses polentas.

Collation

Jus d'épinard, céleri, persil et concombre

Repas

Salade de maïs
Boules de rêve

Breuvage

Tisane, eau ou jus de fruits non sucré

Les à-côtés

Thermos pour le jus
Contenant hermétique pour la salade
Pellicule d'emballage transparente ou petit contenant pour les boules de rêve
Fourchette

Jus d'épinard, de céleri, de persil et de concombre

Frais et désaltérant

1 grosse poignée d'épinards
1 branche de céleri
1 bouquet de persil
1/2 concombre anglais

175 à 280 ml (6 à 8 oz)
Préparation : 5 minutes

⮜ Bien nettoyer les légumes, les passer à l'extracteur.

*Boire immédiatement ou ajouter le contenu d'une gélule de vitamine
C ou le jus d'un demi citron frais
pour empêcher l'oxydation et réfrigérer.*

Se conserve facilement 5 à 6 heures dans un thermos.

Riche en chlorophylle, ce jus désintoxique et reminéralise.

Salade de maïs

Un excellent repas énergétique

1 l (4 t.) de maïs cuit frais ou congelé
500 ml (2 t.) de pois mange-tout hachés
2 branches de céleri émincées
1 poivron vert haché
1/2 oignon rouge haché
1 courgette (zucchini) coupée en petits morceaux
1 carotte râpée
30 ml (2 c. à s.) d'huile de tournesol
sel de mer, poivre de Cayenne et fines herbes au goût

3 Portions
Préparation : 15 minutes
Cuisson : 10 minutes

↬ Cuire le maïs et le laisser refroidir un peu.

↬ Ajouter tous les autres ingrédients

↬ Servir sur un lit d'épinards ou de laitue.

Se conserve 2 jours au réfrigérateur.

Un régal pour toute la famille.

Boules de rêve

Une évasion sucrée

125 ml (1/2 t.) d'amandes moulues au moulin à café
65 ml (1/4 t.) de sirop de riz
65 ml (1/4 t.) de dattes dénoyautées hachées
85 ml (1/3 t.) de noix de coco non sucrée
45 ml (3 c. à s.) de beurre d'amande
2 ml (1/2 c. à thé) d'essence d'érable ou de vanille
noix de coco

22 boules
Préparation : 10 minutes

↬ Mélanger tous les ingrédients sauf la noix de coco.

↬ Former des petites boules à l'aide d'une cuillère. Rouler dans la noix de coco.

↬ Réfrigérer.

Les boules de rêves constituent une excellente source de protéines.
En collation ou pour compléter un repas léger,
elles sont toujours appréciées.

Cretons de pois chiches

Protéines, fibres et minéraux, une combinaison gagnante

Menu 38

Une alternative aux cretons traditionnels, les cretons de pois chiches – confectionnés à partir d'ingrédients sains – ne contiennent aucun gras saturé.
À l'honneur :
- graines de sésame et tahini (beurre de sésame), riches en protéines et en calcium,
- purée de pois chiches riche en fibres et minéraux.

Collation

Biscuits macarons

Repas

Brocoli, céleri, radis
Sandwich aux cretons de pois chiches, laitue et tomates

N.B. Pour la recette des biscuits macarons, voir à la page 54.

Breuvage

Tisane, eau ou lait de riz ou de soja

Les à-côtés

Sac à sandwich refermable pour les macarons
Pellicule d'emballage transparente pour les légumes
Sac à sandwich refermable pour le sandwich
Sac réfrigérant (ice pack)

Cretons de pois chiches

Succulents et nutritifs

Partie 1

250 ml (1 t.) de pois chiches
1 l (4 t.) d'eau
500 ml (2 t.) d'eau

Partie 2

250 ml (1 t.) de graines de tournesol moulues
65 ml (1/4 t.) de graines de sésame moulues
85 ml (1/3 t.) de tahini (beurre de sésame)
3 gros oignons hachés
4 gousses d'ail émincées
65 ml (1/4 t.) d'huile de tournesol
60 ml (4 c. à s.) de sauce tamari
15 ml (1 c. à s.) d'ail séché
15 ml (1 c. à s.) d'oignon séché
5 ml (1 c. à thé) de cannelle
5 ml (1 c. à thé) de clou de girofle
basilic, thym et poivre de Cayenne

8 Portions
Préparation : 10 heures
Cuisson : 40 minutes

- Laver et laisser tremper les pois chiches pendant 10 heures dans 1 litre (4 tasses) d'eau.
- Jeter l'eau de trempage (les plantes vertes, l'adorent).
- Déposer les pois chiches dans le mélangeur avec 500 ml (2 t.) d'eau et mettre en purée.
- Dans un grand bol, verser la purée de pois chiches.
- Ajouter tous les autres ingrédients, brasser à la cuillère de bois.
- Verser ce mélange dans un plat huilé de 20 cm x 25 cm (8 po x 10 po).
- Cuire au four à 180 ºC (350 ºF) environ 40 minutes.

Une bonne salade verte accompagne bien ces cretons. Ils sont excellents sur des canapés ou en sandwich, très appréciés dans les brunchs.

Les noix et les graines

Il en existe une très grande variété

Menu 39

Bonnes sources de protéines et de glucides, les noix et les graines sont — comme les avocats et les olives — des fruits oléagineux très riches en lipides. Les personnes qui ont une digestion lente ou des problèmes de foie peuvent en consommer en petite quantité. L'idéal pour obtenir une bonne combinaison est de les consommer avec des fruits ou des légumes.

Collation

Morceaux de mangue et raisins secs

Repas

Bâtonnets de légumes
Couscous et pois verts
Bouquets d'acajou

Breuvage

Tisane, eau ou lait de soja

Les à-côtés

Contenant hermétique pour les fruits
Thermos ou contenant hermétique pour le couscous
Sac à sandwich refermable pour les légumes
Petit contenant pour les bouquets d'acajou
Fourchette

Couscous et pois verts

Vite fait, vite prêt

500 ml (2 t.) d'eau
1 cube de soja ou 5 ml (1 c. à thé) de concentré de légumes
500 ml (2 t.) de couscous
30 ml (2 c. à s.) de légumes séchés
1 poivron rouge
1 courgette (zucchini)
2 oignons
1 branche de céleri
250 ml (1 t.) de brocoli coupé en morceaux
500 ml (2 t.) de pois verts congelés
45 ml (3 c. à s.) d'huile de carthame ou d'olive
15 ml (1 c. à s.) de sauce tamari
basilic frais, sel de mer et poivre de Cayenne au goût

5 Portions
Préparation : 10 minutes
Cuisson : 10 minutes

- Porter l'eau à ébullition avec le cube de soja (ou le concentré de légumes). Retirer du feu et ajouter le couscous en brassant avec une fourchette. Laisser gonfler 5 minutes.

- Couper les légumes. Les déposer dans un poêlon puis ajouter l'huile et les pois verts. Attendrir quelques minutes à feu doux. Mélanger avec le couscous et assaisonner.

À ce léger repas de féculents, il est possible d'ajouter une protéine. Le bouquet d'acajou (recette suivante) est le complément idéal. On peut aussi le remplacer par des noix, des pois chiches ou du fromage cottage incorporés au couscous.

Ce repas est délicieux chaud ou froid.

Bouquets d'acajou

L'acajou, une noix tendre et savoureuse

85 ml (1/3 t.) de noix d'acajou moulues au moulin à café
65 ml (1/4 t.) de sirop de riz
65 ml (1/4 t.) de raisins secs
125 ml (1/2 t.) de noix de coco non sucrée
30 ml (2 c. à s.) de tahini (beurre de sésame)
65 ml (1/4 t.) de noix d'acajou concassées
un soupçon d'essence d'érable

12 bouquets
Préparation : 10 minutes

↶ Mélanger tous les ingrédients.

↶ Former des bouchées à l'aide d'une fourchette (comme un biscuit).

↶ Déposer dans une grande assiette et garder au congélateur.

À essayer absolument !

Tout un régal pour les amateurs de noix d'acajou.

Le chili-végé

Savamment épicé ce chili-végé

Menu 40

Le chili-végé a la faveur des personnes qui aiment les mets épicés. Composé de fèves rouges (légumineuses), il est succulent. Riche en fibres, il est excellent pour la santé et favorise une meilleure élimination des toxines. Accompagné de légumes verts, il constitue un mets tout simplement délicieux.

Collation

Jus de pomme, raisin et poire

Repas

Salade frisée et vinaigrette rosée
Chili-végé
Pain de seigle ou d'épeautre

N.B. Pour la recette de la salade frisée, voir à la page 110.

Breuvage

Tisane, eau ou lait d'amandes

Les à-côtés

Thermos pour le jus
Contenant hermétique pour la salade
Contenant hermétique pour le chili-végé
Pellicule d'emballage transparente pour le pain
Sac réfrigérant (ice pack)
Fourchette

Jus de pomme, raisin et poire

Tonique énergétique

2 pommes
1 grosse grappe de raisins sans noyau
2 poires
le jus d'un demi-citron

250 ml (8 oz)
Préparation : 5 minutes

- ◅ Laver les fruits.

- ◅ Enlever les queues et les mouches des pommes et des poires. Les couper en morceaux puis passer à l'extracteur.

Chili-végé

Idéal pour apprivoiser les légumineuses

500 ml (2 t.) de fèves rouges
1.5 l (6 t.) d'eau
45 ml (3 c. à s.) d'huile de carthame
2 oignons hachés
2 gousses d'ail émincées
1 poivron vert haché
750 ml (3 t.) de maïs en grains frais ou congelé
250 ml (1 t.) de sauce tomate (sans sucre)
85 ml (1/3 t.) de pâte de tomate
250 ml (1 t.) d'eau
5 ml (1 c. à thé) de concentré de légumes
30 ml (2 c. à s.) de sauce tamari
persil au goût
sel de mer et poivre de Cayenne au goût

5 Portions
Préparation : 10 minutes
Cuisson : 75 minutes

- Ne pas faire tremper les fèves rouges afin d'éviter leur bris. Les couvrir d'eau et cuire 10 minutes à ébullition. Jeter l'eau.

- Cuire à nouveau à couvert à feu moyen dans 1.5 litre (6 t.) d'eau environ 1 heure.

- Dans un grand chaudron, verser l'huile et les légumes coupés. Faire cuire un peu. Ajouter le maïs et tous les autres ingrédients ainsi que les fèves rouges cuites. Couvrir et laisser mijoter à feu doux de 5 à 10 minutes.

Accompagner d'une généreuse salade et servir avec du bon pain.
Vraiment exquis !

L'avocat

Un fruit incomparable

Menu 41

Il est facile de bien digérer l'avocat lorsqu'il est convenablement accompagné. Malgré une forte teneur en lipides, il est bon pour la santé puisqu'il s'agit d'un bon gras. Riche en minéraux, vitamines et protéines, c'est un fruit précieux à découvrir.

Collation

Jus d'ananas

Repas

Salade d'avocat
Galettes à la mélasse

Breuvage

Tisane, eau ou jus de fruits non sucré

Les à-côtés

Thermos pour le jus
Contenant hermétique pour la salade
Pellicule d'emballage transparente pour les galettes
Fourchette

Jus d'ananas

Pour bien commencer la journée

---
1 grosse tranche d'ananas (environ 1/3 de l'ananas)
---

250 ml (8 oz)
Préparation : 5 minutes

∽ Couper la queue de l'ananas puis couper ensuite une grosse tranche épaisse. Peler et couper en morceaux (il n'est pas nécessaire d'enlever le cœur de l'ananas). Passer à l'extracteur.

Le jus d'ananas est un bon jus à boire le matin puisque son acidité se transforme plus facilement à cette période du jour.
On peut également le prendre, si on a l'estomac vide,
20 minutes avant le repas.

Astringent, ce délicieux jus est bienfaisant pour le système digestif.

Pour conserver le reste de l'ananas, placer le bout tranché face à la soucoupe. Il se conserve facilement une semaine au réfrigérateur.

Salade d'avocat

Un repas « sur le pouce »

Laitue en feuilles
6 tomates cerises
1 poivron rouge ou jaune coupé en morceaux
1 branche de céleri coupée en morceaux
6 radis
2 tranches minces d'oignon rouge
luzerne au goût
1 avocat en morceaux
le jus d'un demi-citron
15 ml (1 c. à s.) d'huile de carthame ou d'olive
sel de mer et fines herbes au goût

1 Portion
Préparation : 5 minutes

꙰ Disposer les feuilles de laitue sur un plateau de service et déposer les morceaux d'avocat et les légumes.

꙰ Ajouter le jus de citron, l'huile, le sel de mer et les fines herbes.

*Les fines herbes sont meilleures dans les salades
quand elles sont fraîches.*

Galettes à la mélasse

Les galettes à la mélasse de ma chère maman

65 ml (1/4 t.) d'huile de tournesol
125 ml (1/2 t.) de mélasse
85 ml (1/3 t.) de lait de riz ou de soja nature
125 ml (1/2 t.) de raisins secs
500 ml (2 t.) de farine de blé à pâtisserie
5 ml (1 c. à thé) de bicarbonate de soude (soda à pâte)
5 ml (1 c. à thé) de cannelle
5 ml (1 c. à thé) de muscade

10 galettes
Préparation : 10 minutes
Cuisson : 20 minutes

↫ Huiler une plaque à biscuits.

↫ Dans un grand bol, mélanger à la cuillère de bois l'huile, la mélasse, le lait de riz ou de soja et les raisins secs.

↫ Mélanger les ingrédients secs ensemble et les incorporer au premier mélange. Déposer le tout par cuillerée sur la plaque à biscuits.

↫ Cuire au four à 180 °C (350 °F) durant 20 minutes.

Durant mon enfance, j'ai raffolé des galettes à la mélasse de ma mère. Je les ai modifiées à ma façon mais elles sont toujours aussi bonnes.

Les fruits en brochette

Couleurs variées, régal assuré

Menu 42

La présentation variée des mets est importante. Il est difficile de résister à un plat à la fois riche en couleurs et en saveurs. La brochette de fruits, réponds à ces attentes.

Collation

Pomme et noix

Repas

Brochette de fruits
Sauce fruitée au tofu

Breuvage

Tisane, eau ou lait d'amandes

Les à-côtés

Sac à sandwich refermable pour la pomme et les noix
Grand contenant hermétique pour la brochette
Petit contenant pour la sauce
Fourchette et cuillère

Brochettes de fruits

Explosion de couleurs

4 brochettes de bois
12 abricots séchés
8 dattes
1 pêche ou nectarine
1 pomme
1 poire ou prune
1 banane ou mangue
raisins rouges ou verts
jus de citron

4 brochettes
Préparation : 15 minutes

Sur chaque brochette en bois enfiler 3 abricots et 2 dattes en alternant avec les autres fruits coupés en morceaux. Mélanger bien les couleurs et les saveurs. Arroser de jus de citron pour empêcher l'oxydation et servir avec la sauce au tofu.

Appétissantes et savoureuses, ces brochettes de fruits se présentent bien comme entrée.

Sauce fruitée au tofu

Simplement délicieuse !

250 ml (1 t.) de tofu mou en crème
1 mangue
1 banane
65 ml (1/4 t.) de noix d'acajou
2 ml (1/2 c. à thé) vanille

Sauce 500 ml (2 t.)
Préparation : 5 minutes

↬ Peler la mangue et la banane. Les déposer dans le mélangeur avec tous les autres ingrédients. Brasser à vitesse moyenne jusqu'à l'obtention d'une crème onctueuse. Verser sur les brochettes.

Cette sauce peut aussi servir de trempette pour les fruits.

Les gourganes

De bons légumes de chez nous

Menu 43

Peu connues, ces fèves toutes fraîches en saison offrent un goût agréable à découvrir. On les consomme en soupe, en pot-au-feu ou simplement avec des légumes.

Collation

Salade de chou rouge

Repas

Chaudronnée de gourganes
Dattes aux amandes

Breuvage

Tisane, eau ou lait d'amandes

Les à-côtés

Contenant hermétique pour la salade
Contenant hermétique pour la chaudronnée
Petit contenant hermétique pour les dattes

Salade de chou rouge

Disponible en toute saison

1 petit chou rouge
6 radis
1 poignée de ciboulette
menthe fraîche ou fenouil au goût
30 ml (2 c. à s.) d'huile de tournesol
45 ml (3 c. à s.) de mayonnaise naturelle
le jus d'un demi-citron
sel de mer et poivre de Cayenne au goût

3 à 4 Portions
Préparation : 10 minutes

﹖ Râper le chou, couper finement les légumes, mélanger avec le reste des ingrédients.

Cette salade favorise une bonne digestion. Comme accompagnement aux plats de résistance, le chou est toujours apprécié et offre beaucoup de minéraux.
Le chou est un bon stimulant du système immunitaire.

Le jus de chou à l'extracteur est d'une grande efficacité pour aider à cicatriser les irritations ou les ulcères à l'estomac.

Chaudronnée de gourganes

Originale et nutritive

500 ml (2 t.) de gourganes
375 ml (1 1/2 t.) d'eau
5 ml (1 c. à thé) de concentré de légumes
15 ml (1 c. à s.) de légumes séchés
1 poireau haché
500 ml (2 t.) d'haricots verts coupés
3 carottes coupées en rondelles
2 pommes de terre coupées en petits cubes
1 petit navet en cubes
375 ml (1 1/2 t.) d'eau
796 ml (28 oz) de tomates en boîte
5 ml (1 c. à thé) de concentré de légumes
45 ml (3 c. à s.) d'huile de tournesol
30 ml (2 c. à s) de sauce tamari
5 ml (1 c. à thé) de miso
fines herbes et poivre de Cayenne

4 Portions
Préparation : 15 minutes
Cuisson : 30 minutes

- Cuire les gourganes dans l'eau avec le concentré de légumes et les légumes séchés pendant 15 minutes dans un chaudron couvert.

- Placer le tout dans une grande casserole et ajouter tous les légumes avec 375 ml (1 1/2 t.) d'eau, la boîte de tomates et 5 ml (1 c. à thé) de concentré de légumes. Porter à ébullition, réduire ensuite le feu et laisser mijoter pendant 15 minutes. Ajouter le reste des ingrédients.

Dattes aux amandes

Une friandise en moins de deux

---
6 dattes Medjol ou Barry
12 amandes entières
---

6 dattes
Préparation : 2 minutes

⇔ Laver les dattes.

⇔ À l'aide d'un couteau, les ouvrir dans le sens de la longueur, enlever les noyaux et placer 2 amandes dans chacune d'elles.

N.B. Les amandes peuvent être moulues et mélangées avec quelques gouttes d'eau avant d'en farcir les dattes.

Une savoureuse gâterie.

La patate sucrée

Douce et délicieuse

Menu 44

La patate sucrée est douce et facile à digérer. Il s'agit d'un légume qu'on peut introduire très tôt dans l'alimentation d'un bébé. Ce légume est aussi recommandé pour les personnes en convalescence ou ayant de la difficulté à digérer. Voici un menu complet intégrant cette douce patate.

Collation

Pois mange-tout, poivron rouge, orange ou jaune

Repas

Patates sucrées et courges
Amandes au tamari
Tartelette aux framboises

Breuvage

Tisane, eau ou lait de riz

Les à-côtés

Sac à sandwich refermable pour les légumes
Thermos pour les patates sucrées et les courges
Petit contenant pour les amandes au tamari
Pellicule d'emballage transparente pour la tartelette aux framboises
Fourchette et cuillère

Patates sucrées et courges

Repas chaud et réconfortant

2 patates sucrées
1 petite courge Butternut
500 ml (2 t.) d'haricots jaunes coupés
1 poireau
500 ml (2 t.) de navet
500 ml (2 t.) d'eau
5 ml (1 c. à thé) de concentré de légumes
45 ml (3 c. à s.) de sauce tamari
45 ml (3 c. à s.) d'huile de carthame
5 ml (1 c. à thé) de miso
poivre de Cayenne et sel de mer au goût

4 Portions
Préparation : 25 minutes
Cuisson : 10 minutes

- Peler et couper les patates sucrées, la courge et le navet en cubes.

- Déposer dans la casserole tous les légumes avec 500 ml (2 t.) d'eau et le concentré de légumes. Porter à ébullition puis réduire à feu doux pour 10 minutes (les légumes doivent rester croquants).

- Ajouter le reste des ingrédients.

Riche en couleurs et en saveurs,
ce repas se digère très facilement.

Une salade, des légumes crus ou un jus à l'extracteur avant ce repas constitue un excellent complément.

Amandes au tamari

Goûtez la différence

85 ml (1/3 t.) d'amandes naturelles
45 ml (3 c. à s.) de sauce tamari
15 ml (1 c. à s.) d'huile de tournesol pressée à froid

4 Portions
Préparation : 2 minutes
Cuisson : 5 minutes

- Déposer les amandes dans une poêle et faire griller à feu moyen durant 5 minutes.

- Eteindre le feu puis ajouter la sauce tamari et l'huile. Laisser refroidir.

- Garder dans un contenant hermétique au réfrigérateur tout au plus une semaine.

C'est un excellent complément avec les salades,
les pâtes et les légumes.

Tartelettes aux framboises

Faciles à confectionner

Pâte à tarte passe-partout

500 ml (2 t.) de farine de blé à pâtisserie
2 ml (1/2 c. à thé) de sel de mer
5 ml (1 c. à thé) de levure (poudre à pâte)
85 ml (1/3 t.) d'huile de tournesol
175 ml (2/3 t.) d'eau

4 tartelettes
Préparation : 25 minutes

↬ Dans un grand bol, mélanger les ingrédients secs ensemble et faire une fontaine au centre de la préparation.

↬ Brasser au mélangeur l'huile et l'eau pour rendre le tout crémeux.

↬ Verser ce mélange dans la fontaine. Brasser légèrement à la fourchette pour former une boule.

↬ Laisser reposer 20 minutes à la température de la pièce avant de rouler. Séparer la boule en 4. Rouler et placer les abaisses dans 4 petites assiettes à tarte.

SUITE PAGE SUIVANTE

Tartelettes aux framboises

Un frisson exquis

Remplissage

1 l (4 t.) de framboises
20 ml (4 c. à thé) de tapioca moulu
60 ml (4 c. à s.) de miel

6 Portions
Préparation : 2 minutes
Cuisson : 15 minutes

- ☞ Déposer dans chaque abaisse 5 ml (1 c. à thé) de tapioca moulu, 250 ml (1 t.) de framboises et 15 ml (1 c. à s.) de miel.

- ☞ Cuire au four à 180 ºC (350 ºF) de 15 à 20 minutes.

- ☞ De délicieuses tartelettes, toutes naturelles.

N.B. Ajuster la quantité de miel selon votre goût.

Variante : on peut remplacer les framboises par des fraises ou des bleuets.

La poutine-santé

Originale et savoureuse

Menu 45

La fameuse poutine. Un plat très populaire, certes, mais peu recommandable pour qui a à cœur sa santé. Ce menu présente une variante sans cholestérol comprenant toutes les bonnes associations alimentaires nécessaires pour obtenir un apport nutritif complet. Un repas succulent qui surprendra.

Collation

Pomme

Repas

Salade César
Poutine-santé

Breuvage

Tisane, eau ou lait de soja

Les à-côtés

Contenant hermétique pour la salade
Thermos pour la poutine-santé
Fourchette

Salade César

Un goût irrésistible

1 laitue romaine déchiquetée
3 échalotes émincées
15 ml (1 c. à s.) de levure alimentaire douce
croûtons de blé à l'ail (voir page 65)

4 Portions
Préparation : 5 minutes

↬ Mélanger le tout et arroser de vinaigrette.

Variante : pour remplacer la levure alimentaire dans la salade César, ajouter du tofu grillé au tamari (en cubes) ou du fromage râpé.

Vinaigrette

Un vrai régal

250 ml (1 t.) de mayonnaise maison ou naturelle (voir page 41)
65 ml (1/4 t.) d'eau
le jus d'un demi-citron
3 gousses d'ail
15 ml (1 c. à s.) de moutarde naturelle
65 ml (1/4 t.) de tofu (facultatif)
5 ml (1 c. à thé) de basilic
sel de mer et poivre de Cayenne

375 ml (12 oz)
Préparation : 5 minutes

⊖ Déposer tous les ingrédients dans le mélangeur, bien brasser.

⊖ Réfrigérer.

⊖ Incorporer à la salade au moment de servir.

Poutine-santé

Elle suscite la curiosité

Partie 1
Haricots jaunes cuits, croquants (quantité illimitée)

Partie 2
Tofu grillé au tamari

450 g (16 oz) de tofu (1 bloc)
45 ml (3 c. à s.) d'oignon séché
30 ml (2 c. à s.) d'huile de carthame
45 ml (3 c. à s.) de sauce tamari
poivre de Cayenne au goût

4 Portions
Préparation : 3 minutes
Cuisson : 5 minutes

- ✑ Émietter le tofu avec les doigts ou une fourchette.

- ✑ Déposer dans un grand poêlon, ajouter les oignons séchés et l'huile de carthame. Faire dorer à feu moyen environ 5 minutes ou plus.

- ✑ Ajouter la sauce tamari et le poivre de Cayenne. Bien mélanger.

SUITE PAGE SUIVANTE

Sauce brune

Succulente

Partie 3

1 l (4 t.) d'eau
65 ml (1/4 t.) de noix de pacane moulues
45 ml (3 c. à s.) de tapioca moulu
10 ml (2 c. à thé) de miso
7 ml (1 1/2 c. à thé) de concentré de légumes
30 ml (2 c. à s.) d'huile de tournesol
60 ml (4 c. à s.) de sauce tamari
30 ml (2 c. à s.) d'oignon séché
fines herbes et poivre de Cayenne au goût

1 l (4 t.)
Préparation : 5 minutes
Cuisson : 3 minutes

↦ Verser tous les ingrédients dans une casserole, bien mélanger.

↦ Porter à ébullition et réduire à feu moyen. Laisser mijoter 2 minutes.

↦ Déposer les haricots jaunes cuits dans une assiette. Ajouter le tofu grillé au tamari. Arroser de sauce brune.

Un vrai délice !

Les autres ouvrages
de Colombe Plante aux Éditions AdA

Informez-vous au sujet
des ateliers et des conférences de

Colombe Plante

Auteure, conférencière, conseillère en nutrition

Tél. : 450.658.0980
Fax : 450.658.2154
colombeplante@videotron.ca

Le
Présent

Pour obtenir une copie
de notre catalogue
veuillez nous contacter :

AdA

1385, boul. Lionel-Boulet
Varennes, Québec
J3X 1P7
Fax : 450.929.0220
info@ada-inc.com
www.ada-inc.com